女たちの精神史

明治から
昭和の時代

伊藤由希子
Ito Yukiko

春秋社

はじめに

敗戦当夜、食事をする気力もなくなった男は多くいた。しかし、夕食をととのえない女性がいただろうか。他の日とおなじく、女性は、食事をととのえた。

（鶴見俊輔「朝日新聞」二〇〇三年三月二十四日夕刊）

私たちは、一九四五年八月十五日を、太平洋戦争敗戦の日として記憶している。歴史の教科書に太字で書かれる、日本にとって歴史的な一日である。これまでの多大な犠牲が報われなかったことを知ったひとびとが、この先、この国が、自分たちがどうなっていくかもわからない不安の中、玉音放送を聴き、うなだれる姿を、映像や写真で知っている。「敗戦当夜、食事をする気力もなくなった男は多くいた」ことも想像に難くない。

しかし、「食事をする気力もなくなった」としても、食事をとらなければ、私たちは生きていけない。絶望しようが、不安であろうが、食事をとらなければならないのであり、それが子どもや病人、年寄りなどであればなおさらである。だからこそ、八月十五日も「他の日とおなじく、女性は、食事をととのえた」。

歴史の教科書に記されるような大きな事件・出来事の背後には、あえて記録されることもないような、ひとびとの日常がある。しかし、そのひとつひとつはいかにささやかで歴史の表舞台からは見えないものであれ、そうした積み重ねがあったからこそ、歴史はここまで続いてきたのである。

先の引用の前段で、鶴見はこうも言っていた。

私は、土岐善麿《ときぜんまろ》の戦後の始まりの歌を思い出す。一九四五年八月十五日の家の中の出来事を歌った一首だ。

あなたは勝つものとおもつてゐましたかと老いたる妻のさびしげにいふ

明治末から大正にかけて、啄木の友人として、戦争に反対し、朝鮮併合に反対した歌人土岐善麿は、やがて新聞人として、昭和に入ってから戦争に肩入れした演説を表舞台で国民に向かってくりかえした。そのあいだ家にあって、台所で料理をととのえていた妻は、乏しい材料から別の現状認識を保ちつづけた。

日々少なくなっていく配給を前に、これだけでどうやって食事を作ろうかと考えながら、多くの女性たちは、追いつめられていくこの国の状況を、男性たちとは異なる仕方、手応えで、たしかに察知していたのである。

本書でも見ていく脚本家・作家の向田邦子に、「次の場面」と題した次のようなエッセイがある。

カッとなった主人公が、花瓶やカットグラスを床に叩きつける。

外国映画でよく見かける眺めだが、私はこういう場面を見ると、心配でたまらなくなる。このあと、どうするのだろう。

使用人がいればいいが、私のようなひとり暮しだと、叩きつけてこわすのも自分なら、あとで床に這いずって片づけるのも自分なのである。……

私も、四、五年前に「寺内貫太郎一家」というテレビ番組の脚本を書いたが、この中で必ず、一家揃って大げんかという場面があった。

茶簞笥《ちゃだんす》が倒れる。ガラスが割れるのは毎度のことだったが、

「あのあと、ガラスはどうするのですか。うちなんかガラス屋に頼んでも、なかなか来てもらえないで、三日もそのままだったのに、ドラマの中では、夜中にけんかしても次の朝、ちゃんと入ってますね」

と電話を下さるのは必ず主婦であった。やはり女は後始末が気になるのである。そう思って眺めると、物をぶつける、お膳をひっくりかえす、というシーンを書くのは、男の作家の方が多いような気がする。

（向田邦子「次の場面」）

映画やテレビドラマであれば、ガラスが割れたとしても、その後シーンはパッと切り替わって、他の場面へと移っていく。しかし現実の生活では、誰かが必ず後始末をしなければならない。多くの女性たちが、男性と同じ場面を見ながらも、違った仕方でそれを受けとめていたのは、割れたガラスをかたづけて、新しいガラスを入れてもらうという大事な「次の場面」を担ってきたのが、彼女たちだったからである。

平塚らいてうが「元始、女性は太陽であった」と懐古した古代日本では、神話の中で女性神である天照大神《あまてらすおおみかみ》や伊耶那美命《いざなみのみこと》が男性に勝るとも劣らない役割をはたし、卑弥呼や推古天皇・持統天皇といった指導者も現に存在していた。しかしその後、武士的・封建的秩

序が作りあげられ、さらには近代国家体制が整備されていく中で、そうした女性たちのありかたが正当に評価されず、男性に比べ、低く位置づけられるようになってきたのも事実である。

しかし、そのような中でも、男性たちが、女性たちの秘めた、たしかな〈すごさ〉〈つよさ〉ともいうべきものを、つねにどこかで感じつづけてきたことも、また事実である。たとえば柳田國男は、女性蔑視の風が強いと言われる薩摩地方で、「婦人を憎みきらうことをもって、強い武士の特徴として」、男は女に近づくな、と言われていたことについて、次のように説明する。

きたないとか穢《けが》れるとかいう語で言い現わしていたけれども、つまりは女には目に見えぬ精霊の力があって、砥石《といし》を跨《また》ぐと砥石が割れ、釣竿・天秤棒をまたぐとそれが折れるというように、男子の膂力《りょりょく》【筋力・腕力】（以下、【　】内は筆者による註記）と勇猛とをもってなし遂げたものを、たやすく破壊し得る力あるもののごとく、固く信じていた名残に他ならぬ。……ゆえに女の力を忌み怖れたのも、本来はまったく女の力を信じた結果であって、あらゆる神聖なる物を平日の生活から別置するのと同じ意味で、実は本来は敬して遠ざけていたもののようである。

（柳田國男「妹《いも》の力」）

女性には男性のような腕力はないが、男性がその「膂力と勇猛《りょりょく》」とでなんとかなしとげたものを、いともたやすく破壊してしまうような不思議な力を持っていると信じられていた。それゆえ男性たちは女性を「敬して遠ざけていた」のが、形骸化して、女性を避けるというかたちだけが残ってしまったというのである。

司馬遼太郎は、「原型的には、日本人というのは「たおやめぶり」の民族じゃないか」（『日本人と日本文化』）と言っている。そして、「手弱女振り《たおやめぶ》」とは言っても、それは「けっしてシンの弱さを言うのじゃなくて、むしろシンの強さを言う」（同）のだ、とも言う。「たおやめ」の「タヲ」は「撓《たわ》む」と同根であり、たおやかな女・しなやかな女という意味である（『岩波古語辞典』）。男性的な硬い強さ、いつかぼきっと折れてしまうような剛強さとは違い、女性たちが持つ秘めやかでたしかな力とは、こうした柔らかな〈つよさ〉であり、待つこと、耐えることができる、柔軟な〈つよさ〉――折れない柳のようなしなやかな〈つよさ〉なのである。

本書は、この国の女性たちが、このような女性ゆえの秘めやかでたしかな力を活かして、人生をいかに背筋を伸ばして生きていこうとしていたかを、いくつかの題材から具体的に読み解いていこうという試みである。

女たちの精神史——明治から昭和の時代

目　次

はじめに　i

第一章　男の流儀・女の流儀――阿久悠が描いた男と女……3
現実にはいない男と女――「時代の飢餓感」を歌う　3
「やせがまん」――男の流儀①　6
恥と「やさしさ」――男の流儀②　13
「北の宿から」踏み出す女――女の流儀①　22
「女」から「女性」へ――女の流儀②　30
「自由で強くてやさしい子を／凜としていると言います」　38

第二章　隠された畏れ――向田邦子と女という「阿修羅」……55
「女を信じてない」　55
「阿弥陀如来」「調教師」としての女　59
日常の護神　68

与えられた条件をおもしろがる　80
「度しがたい女の業《ごう》」　85
女という「阿修羅」　97
「秘すれば花」　104
「馬鹿をよそおう利口な女」　112
第三章　女性の人生の終《しま》いかた――『楢山節考』おりんの死と生…………119
月の光と姨捨の影　119
おりんはなぜ歯を折るのか　120
又やんの死　128
生と死の神・イザナミ　134
母胎に返るということ　140
第四章　〈良妻賢母〉という近代――下田歌子がめざした女性像…………149
〈良妻賢母〉のアンビヴァレントな可能性　149
「欧化主義」「国粋保存」への反省と「温故知新」　157

不完全な男と不完全な女　164
家政という「内政」　171
「一般の婦人に向かって望むところ」――女子教育者として　177
箸置を用意する女性　186

第五章　「仕合わせ」と「幸せ」の生――中島みゆき『糸』と西原理恵子『ものがたり　ゆんぼくん』……193

「仕合わせ」と「幸せ」　193
「ひとりで幸福になろうとしても、それは無理よ」　200
「横糸」という生きかた　202
出逢いは偶然か、運命か――「遇《あ》うて空《むな》しく過ぐるなかれ」　204
「生まれてくれて　Welcome」　210

おわりに　231

女たちの精神史——明治から昭和の時代

第一章　男の流儀・女の流儀——阿久悠が描いた男と女

現実にはいない男と女——「時代の飢餓感」を歌う

阿久悠（一九三七〜二〇〇七）は一九六五（昭和四十）年の作詞家デビュー以降、五〇〇〇曲以上の作詞を手がけ、ある時期はＮＨＫ紅白歌合戦で歌われる曲の半分以上が彼の作品であったという、昭和の歌謡界を代表する作詞家・作家である。「スター誕生！」（日本テレビ）その他、さまざまなプロデュースも含めて、単なる作詞家の域を越えて、昭和という時代の輪郭を形づくったひとりと言えるであろう。

昭和の時代、阿久の作品はなぜそれほどひとびとに愛されたのか。

そのヒントのひとつは、阿久が「歌謡曲とは完全にリアクションの芸術」と考えていたことにある。歌謡曲を作る側は、聴く側からの「リアクション」を求める、つまり自分の投げたボールがはねかえってくることを祈りながらボールを投げるが、そのときに「ボールをぶつけるべき壁、はねかえしてくる壁とはなにか。それは時代の飢餓感だと思うんです」と阿久は言う。

> いまなにが欠けているんだろうか、いまなにが欲しいんだろうというその飢餓の部分にボールが命中したとき、歌が時代を捉えたといっていいでしょう。「言われてみてはじめてわかりました」とか、「わたしも実はそうだったのよ」という、死角に入っていた心のうめき、寒さ、これがつまり時代の飢餓感です。しかもいま、飢えているもの、欲しいものがよく見えない。……しかし、何かしら飢餓は存在している。この見えない飢餓にボールをぶっつけて、ああ、それそれといわせるのが歌なんですよ。
> （『書き下ろし歌謡曲』[1]）

つまり歌謡曲は、時代をそのままうつしだすものではない。むしろその時代になくなりつつあるもの、あるいはその時代にはまだなかなか見当たらないものを描き、「ああ、それそれ」、それが欲しかったんだよ、と思わせるものであるべきだ、と阿久は考えていた。

阿久自身まだ学生であった一九五〇年代後半、若者の多くは、石原慎太郎『太陽の季節』(一九五五)や、石原裕次郎、小林旭らが活躍した日活映画に刺激を受け、ロカビリーやツイストといった戦後の新しい文化を享受していた。しかし六〇年代前半になると、「そこへ意表を衝くかたちで、着流しと詰襟が登場したのである。あッ、これもいいな、と世間が思ったに違いない」。それが橋幸夫や舟木一夫といった「少年のタイプの逆襲」とも言えるスターたちであった。

「橋幸夫は鯔背《いなせ》に小首を傾《かし》げて歌い、そして、舟木一夫は真直《まっす》ぐに立って、純情さと清潔さを匂わせて歌った。……時代が、既に死語となった「純情」「清潔」「友情」などというものを、どこかで求めていたということであろう」(『昭和おもちゃ箱』(2))。——この時代、「純情」「清潔」「友情」を感じさせる若者は、少なくとも都会ではほぼいなくなっていた。しかし、ひとびとはこのいないはずの青年像に歓喜し、元祖〈御三家〉は時代を象徴するスターになっていく。

阿久が歌謡界に登場するのは、この約十年後である。阿久の作品でも、ぎらぎらしたアイシャドーで目をふちどった沢田研二が男の色気をこれでもかと見せつけながら歌い踊る曲はどこか現実離れしているし、ピンク・レディーの「UFO」や「ペッパー警部」、あるいは〝この世は私のためにある、と山本リンダが激しく歌い踊る楽曲などは、現実離れどころか奇想天外とも言える。しかし阿久が描いた現実にはない世界、そしてそこに登場する男性と女性は、確実に〝現実〟を生きるひとびとを魅了したのである。(3)

「やせがまん」――男の流儀①

壁ぎわに寝がえりうって　背中できいている　やっぱりお前は出て行くんだな
悪いことばかりじゃないと　想い出かき集め　鞄につめこむ気配がしてる
行ったきりならしあわせになるがいい　戻る気になりゃいつでもおいでよ
せめて少しはカッコつけさせてくれ　寝たふりしてる間に出て行ってくれ……

バーボンのボトルを抱いて　夜ふけの窓に立つ　お前がふらふら行くのが見える
さよならというのもなぜか　しらけた感じだし　あばよとサラリと送ってみるか
別にふざけて困らせたわけじゃない　愛というのに照れてただけだよ
夜というのに派手なレコードをかけて　朝までふざけようワンマンショーで……

(「勝手にしやがれ」(1977))

日本レコード大賞、日本有線大賞など数々の賞を受賞したこの曲は、阿久―沢田研二コンビの代表作のひとつである。白のスリーピースをまとった沢田が中折れ帽を投げる姿も印象に残るこの曲について、阿久はこう説明する。

本当なら出て行く女に対して起き上がって一言、「おい、待てよ」といえばすむ話だ。

それを背中で気配だけを聞いて、「そうか、荷物いくつ詰めたから、こりゃ当分帰らないな」なんてことを考えている。普通ならそこで「行くなよ」と、ひと騒ぎするところを黙っている。そこまでみっともなくなりたくはないのだ。

「いいよ、とりあえず行きなよ、だけど、気が変わったらいつでも戻っておいでよ」という気持ちを口に出していうこともできない。その代わりに背中で伝える。

そこに男としてのギリギリのやせ我慢がある。

そして、女が出て行っていなくなってからひとりで大騒ぎしている。愛する女性を失った哀しみをごまかすためか、あるいは、ひとりのワンマンショーなどと気取って、やせ我慢で踏ん張った自分に似つかわしいフィナーレを求めているのか。

（『「企み」の仕事術』）(4)

本当には女を引きとめたい、しかし「みっともなくなりたくない」という思いから、格好をつけて背中を向けつづけ、いざ女が出て行くと窓からその姿を見送り、女への気持ちを誤魔化すようにしてワンマンショーでふざける男の「ギリギリのやせ我慢」——。

この「やせがまん」という言葉は、たとえば同じ沢田研二が歌った「カサブランカ・ダンディ」に「ボギー　ボギー／あんたの時代はよかった／男のやせがまん粋に見えたよ」(5)というフレーズがあるように、阿久が描く男性像のキーワードとして、阿久のさまざまな作品や著作に何度も登場する。

また、阿久ががんで亡くなるまでの七年の闘病を支えた放送作家・演出家の河村シゲルが、その闘病生活を書いた『勝手にしやがれ——阿久悠　やせ我慢の美学』(6)のサブタイトルにその言葉を使い、あるいは阿久の評伝『星をつくった男——阿久悠と、その時代』(7)を書いた重松清がそのうちの一章のタイトルを「やせがまん」とつけたように、阿久そのひとの生きかたを象徴する言葉ともなっている。河村前書によると、「生き方として男のダンディズムにこだわり、やせ我慢と恥を知ることを美意識に掲げている阿久」は、もともと「人前では絶対に居眠りなどしない、小さな隙も見せない人」であったが、死の直前の入院中でも、弱った様子を見せることは、たとえ看護師に対してでも許さなかったという。

しかし、阿久本人のことはともかくとして、「勝手にしやがれ」の「せめて少しはカッコつけさせてくれ」「みっともなくなりたくない」と思う男の「ギリギリのやせ我慢」は、どこかあわれさ、「カッコつけ」たい男の格好悪さをも感じさせるものである。が、阿久が、「実は「かっこいい」と「みっともない」は男のいちばん近いところにあるのではないかと思う。……みっともない振る舞いの中に、ギリギリの哀しみや強さが透けて見えたとき、その男のかっこよさがなぜか浮かび上がってくることもある」(『「企み」の仕事術』)と言っているように、沢田研二が歌い演じるこの「やせ我慢」の男に、多くのひとびとが、「みっともない」と紙一重の「かっこいい」を同時に感じて、「ああ、それそれ」と思ったからこそ、この時代にこの曲は大ヒットしたのであろう。

だが、阿久自身が「これが当時の社会的風潮だったかといえば実は逆だった。むしろ、日本の社会からこうしたやせ我慢が徐々に駆逐され、あの頃はすでにその存在も疑われる絶滅寸前の男の姿であった」と述べ、今引いた沢田研二「カサブランカ・ダンディ」で、「ボギー」――ハンフリー・ボガート――が活躍した時代には「男のやせがまん」が「粋に見えた」ことを懐かしんでいるように、このような「やせがまん」の男性は、昭和五十二(一九七七)年当時、実際にはほとんどいなかったのである。

阿久が、作品においても、また実人生においても、時代錯誤とも思える「やせがまん」にこだわった理由のひとつは、阿久が自分の父の生きかたに、「やせがまん」を見ていたということがある。阿久の父・深田友義は、故郷・宮崎を出てから五十五歳で退職するまでのほとんどの期間を、淡路島の一巡査として過ごした。その父の生きかたを、阿久は次のように詩に書いている。

ぼくの父は警官だった
田舎の田舎のヒラの警官だった
だけど　誇りを持っていた
警官が笑われたら
それで秩序がこわれると
笑われないように
笑われないようにつとめていた
窮屈な生き方を選んだ
「警官だって人間なんだ」
とは云わなかった
「それを云っちゃおしまいよ」
と云っていた

そして
窮屈であれ　堅物であれ
それで人間でなくなるわけがないが
使命と倫理を忘れたら
人間でなくなってしまうと云っていた
父にとって警官は生き方だった
二十四時間警官だった
三百六十五日警官だった
風呂に入っていても
制帽をかぶっているように思えた
恐かった
ヤセガマンのかたまりに見え
貧乏していた
だけど　ぼくは
父を笑ったことはなかった

（『ただ時の過ぎゆかぬように――僕のニュース詩』[8]）

警官としての「使命と倫理を忘れ」まい、なんとしても秩序を壊すまい、と窮屈に生きる父――「ヤセガマンのかたまりに見え」る父は、子どもにとっては恐く、融通がきかない堅物と思わせる存在であった。しかしそんな父を、「ぼくは」「笑ったことはなかった」のであり、ある種の敬意をもって見ていた。

阿久は平成に入ってから父をモデルにした長編小説『無冠の父』[9]を書いているが、その執筆中の日記に「「無冠の父」はにかみながら　照れながら　父と息子が遠くから　見つめつづけた　40年　どっちも　どっちも　やせがまん[10]」と記していたように、警官であった父の「やせがまん」が、作詞家・作家というまったく違う生きかたをした自分にも脈々と息づいていることを確認している。

このような「やせがまん」――「勝手にしやがれ」の歌詞で言えば、「せめて少しはカッコつけさせてくれ」という思い――を、阿久は他のところで「精神的なカッコづけ」とも言い、「カッコづけは相手に対するパフォーマンスであるとともに、自身への厳格なタブーでもあった」（『歌謡曲の時代[11]』）と述べているが、つまり「やせがまん」とは単に「かっこいい」男に見られたいというだけの他意識だけではなく、同時に「自身への厳格なタブー」、――自分の生きかたをいかに律するか、自分の生をどのようなものとしてかたち作ろうとするか、という生きる姿勢――根本的な自意識・自覚でもあった。

父が「使命と倫理を忘れたら／人間でなくなってしまう」と言っていたように、そして「父にとって警官は生き方だった」と息子として感じていたように、「やせがまん」は、作詞家・作家としての阿久自身にとってもまた、それを失ってしまったら「人間でなくなってしまう」かもしれないものであったのであろう。

恥と「やさしさ」――男の流儀②

さらに、阿久の描く男性像には、このような男の「カッコづけ」である「やせがまん」とは少し異なるように見える、次のような側面もある。昭和五十六（一九八一）年に西田敏行が歌った「もしもピアノが弾けたなら」について、阿久はこのように説明している。

〽もしも　ピアノが弾けたなら
思いのすべてを歌にして
きみに伝えることだろう……

ピアノが弾けるか弾けないかは、テーマではなかった。ピアノは、男が内面に持った、器用さと率直さと洒落《しゃれ》っ気への憧れのシンボルである。そして、歌とは、本音を語りたい心の祈りである。……

その時代【この曲が発表された昭和五十六年代のこと】はもう、照れたり、はにかんだりする男はいなかった。たっぷりの情感と、たっぷりの言葉を持ちながら、ふと照れて、気持を小出しにしてしまうような男は、いなかったに違いない。

（『歌謡曲の時代』）

この曲が発表された当時、現実にはいなかったであろう、「たっぷりの情感と、たっぷりの言葉を持ちながら、ふと照れて、気持を小出しにしてしまうような男」、そんな「照れたり、はにかんだりする男」は、引っ込み思案で、どこかなさけない――〈男らしくない〉――男のようにも見える。

しかし、阿久はこの文章を次のように続ける。

〽だけど　ぼくにはピアノがない
きみに聴かせる腕もない
心はいつでも半開き
伝える言葉が残される……

何というじれったさであろうか。口に出して言ってしまえばそれで済むものを、相手を思いやり、自分の立場を考え、自分の欲求を封じ込めて、一歩後退する。それをピアノがない、ピアノを弾く腕がないと表現したのである。ただし、これは、じれったくも、気弱でもないことは、かつては理解されていたのである。かつては。

(『歌謡曲の時代』)

阿久にしてみれば、この男は「じれったくも、気弱でもない」。彼が自分の思いをそのまま口にしないのは、「相手を思いやり、自分の立場を考え、自分の欲求を封じ込めて、一歩後退する」からなのであり、阿久はこの男のことを、「気弱ではなく、肝心な話をすることに照れるタイプで、また、相手を気遣い過ぎて黙るというケース」(『歌は時代を語りつづけた』(12))とも言っている。

阿久の『銀幕座二階最前列』(13)という小説作品の冒頭には次のような表現がある。

東京という街にまだ含羞《はにかみ》が感じられた頃、ぼくは二十一歳、大学の三年生であった。含羞は暗がりの形であった。恥知らずにあかあかと何もかもを照らすだけではなく、人の気持ちを思いやるような暗い場所が、東京にも点在していた。

すべてを明るい光のもとにさらすのではなく、ひとが大切な気持ちを秘めておけるような暗がりが残されている、そんな昔の東京のありかたに、阿久は「含羞《はにかみ》」を感じていた。しかし今の東京は、「あかあかと何もかもを照ら」し出す「恥知らず」な街となってしまっている。そしてそれはむろん街ばかりのことではなく、そこに暮らすひとびとの心のありかたでもある。阿久は「もしもピアノが弾けたなら」で、ひとびとは本当には、今はほとんど失われてしまった「含羞」の心を求めているのではないか、と問いかけたのである。

　阿久が「はにかみ」を「含羞」と書き、「含羞」がない街を「恥知らず」と言ったように、「はにかみ」とは恥ずかしいという気持ちのあらわれでもある。この恥という言葉を、向坂寛『恥の構造』[14]は、葉《ハ》、端《ハ》、歯《ハ》など本体からハズれてはみ出した端にあるものと同語源の「外《は》ず」に通じるものであり、自分のあるべき姿から「外《は》ず」れたと感じたとき、ひとは「恥」を感じるのではないかと言う。阿久の描く「はにかみ」もまた、ひととしてなんらかのあるべき姿から「外《は》ず」れること、あるいは、〝「外《は》ず」れたひと〟と他のひとから見られることを恐れるがゆえに「自分の欲求を封じ込めて、一歩後退」した男のありかたが、周りからは、「照れたり、はにかんだりする男」と見えるということなのではないだろうか。

　恥について、阿久はこんなことも言っている。

かつて僕は、自分の自制装置は「羞恥心」のような気がすると書きました。いまあらためて、大切になってきたと感じています。僕はこのことばを「羞恥神」と言いたい。「心」じゃなくて「神」です。「羞恥神」という神さまをもたない限り、六〇億の人間がうまく生きられないのではないか。……自分の内に、何をすることが自分は耐えられないことか、何をすることがいちばん惨めに思えることか、恥ずかしいことか、ということさえ、その二、三点だけ、それぞれの人間がもっていれば、もう少しいい社会になるのかなと思うんです。そういう意味での神さまです。

僕の場合はそれが実にわかりやすくて、やせ我慢だったり、「武士は食わねど高楊枝」ということにつながったりするわけです。僕はあれが美しいと思っているわけですから。

（『ただ時の過ぎゆかぬように——僕のニュース詩』）

ここで阿久は、恥と「やせがまん」を重ねている。考えてみれば、「勝手にしやがれ」の主人公も、「やせがまん」をするがゆえに女に「行くなよ」という本音を言えず、「あばよとサラリと送ってみるか」という素っ気ない態度も、「愛というのに照れてた」からのことであった。この男は、「もしもピアノが弾けたなら」の男とは——沢田研二と西田敏行のキャラクターもあいまって——一見まったく違うタイプでありながら、肝心なところで「照れ」、「相手を気遣い過ぎて黙る」という点では同じ心性を持っているのである。「勝手にしやがれ」を書く以前、阿久は「みっともない振る舞いをしても、かっこよさがどこかに残るような男の有り様を歌にしたいと考えていた。しかし、そんなダンディズムを体現してくれる歌手となかなかめぐり会えなかった」(『「企み」の仕事術』)という。

ところが、初めて沢田研二に出会ったとき、この男なら僕の考えるダンディズムを体現してくれるのではないかと思った。
沢田研二はどんなに見苦しく振る舞っていても、その裏にひそむ「やせ我慢」や自分を偽悪的に見せて相手の気を楽にさせてやろうという、「やさしい心遣い」を感じさせる表現力を持っていた。(同)

阿久が描こうとした「ダンディズム」に不可欠なのは「やせがまん」、そしてそれと並んで、「やさしい心遣い」であった。そしてその「やさしい心遣い」は、「勝手にしやがれ」においては、女を「あばよとサラリと送」ってしまう男――、「愛というのに照れて」しまい、言おうと思えば言えるはずの「気が変わったらいつでも戻っておいでよ」という思いやりの言葉さえかけられず、「自分を偽悪的に見せて相手の気を楽にさせてやろう」

とする男のありかたとして描かれたのである。

この「やさしい」という言葉についてもあらためて確認してみれば、これはもとは「動詞「やせる（痩）」の形容詞化」したもので、古くは「人の見る目に対して身も細る思いである」という意味で使われていたものが、「周囲や相手に心づかいして、ひかえめにふるまうさま」、そして「他人に対して、心づかいがこまやかなさま。思いやりがある」といった現代の用法へと変化していったものである。[15] つまり、「やせがまん」にせよ、「やさしい心遣い」にせよ、やせるほどに人目を気にし、ひとに気をつかう、という同じところから出てきたものなのである。

このように見てくると、「やせがまん」にせよ「やさしい心遣い」にせよ、そして「はにかみ」や恥にせよ、みな、人目を気にし、ひとのことを気づかう、つまりひとと共に生きるときの畏《おそ》れの気持ちが根底にあることがわかる。

阿久は、自分は父親からなにかまとめて説教をされた記憶はないが、父がその都度その都度ポツポツと言っていたことをあとから考えてみると、「一つの「恥の哲学」として見えてきた」と言っている（『清らかな厭世――言葉を失くした日本人へ』[16]）。阿久が父に見ていた「やせがまん」は「恥の哲学」とも言えるものだったということであろう。

ぼくは、ずっと前から、「仲良きことはおぞましきかな」と言っている。無条件に、無防備に、あるいは無償の行為としての「仲良きこと」を求めることの弊害を言っている。甘えることは強制で、その関係は必ず崩れるからだ。……仲良きことを前提にするから腹が立つ。半端に好意で解釈するより、仲の悪いことを承知の上で、おたがいが「行儀」を考えるのが唯一の道である。……

本音ってのは本来他人とは嚙み合わないものなのだ。それよりは、品性と知性と理性に満ちた嘘を、たがいに発見して出し合うことであろう。（同）

しかしそれは、ひとと共に生きることを苦手に感じたり、怖がったりということではない。ひとのことを大切に思い、尊重するがゆえに、自分の思い込みや一方的な判断でひとに接することをせず、つねにひとを気づかい、そしてまたひとからの評価を意識することで自分の生を律していく、そうした緊張と畏怖をもって他者との関係を十全に生きていこうという生きかたなのである。

男は心の中に……タブーを持ち、そのタブーに対していかにストイック（禁欲的）に生きるかということが、根源になるようだ。そして、自分にはきびしく、他人には寛大を心がけるものらしい。……男の美学とは、ストイックで、たぶんに感傷的な匂いにつつまれている、と私は感じるのだ。……つまるところ、やさしく、美しく、強くという、ありふれて、簡単そうなことがらが、何よりも困難で、永遠にたどりつけない蜃気楼のようなもので、だからといってあきらめるのではなく、タブーを抱いて求めつづけるということらしい。

やさしく、美しく、強く生きようとすることが美学なら、女の美学でもある。男とは限らない。生きることに対して、決してタカをくくらない。そういうことなのだ。

（『未完青書』(17)）

「やせがまん」「やさしさ」「はにかみ」は、「タブーを持ち、そのタブーに対していかにストイックに生きるかということが、根源になる」。そしてそれは、「生きることに対して、決してタカをくくらない」ということである。

さらに、こうして「やさしく、美しく、強く生きようとする」美学は、そのまま「女の美学でもある」と阿久は言う。以上のような男性像を踏まえて、以下、阿久の描いた女性像について見ていこう。

「北の宿から」踏み出す女――女の流儀①

都はるみが歌った「北の宿から」は、女性を主人公にした阿久の代表作のひとつと言っていいだろう。

あなた変りはないですか　日毎寒さがつのります
着てはもらえぬセーターを　寒さこらえて編んでます
女ごころの未練でしょう　あなた恋しい北の宿
……
あなた死んでもいいですか　胸がしんしん泣いてます
窓にうつして寝化粧を　しても心は晴れません
女ごころの未練でしょう　あなた恋しい北の宿

（「北の宿から」（１９７５））

男に捨てられた女が、吹雪に埋もれそうな北の宿で、その男を思いながらセーターを編んでいる――。多くのひとは、男への思いを断ち切ることができない、一途な女の姿を思い描くだろう。
しかし、阿久はこの歌の真意は違うところにあると言う。

昭和五十（一九七五）年、誰の発案で都はるみの作詞の仕事がぼくに巡って来たのかわからないのだが、とにかく、正統演歌に正面から取り組まなければならなくなって、困った。定型の演歌名人芸といえるようなものなら、何もぼくが書くこともないわけだし、かといって、まるっきり演歌の匂いのしないものになると、多くの都はるみファンを裏切ることになる。
そこで、辛うじて、反演歌派の矜持も保ち、ファンもがっかりさせない最低条件として、本来の濃い演歌を薄い演歌にすることにしたのである。（『歌謡曲の時代』）

阿久は従来の流行歌の描く女性像について、「かつて、歌の中の女性のタイプとして、一度関係を持てば完全に男に隷属する弱い女が圧倒的に多かった。そして、捨てられると泣き崩れ、恋を恨み、果ては男を恨むという詞が多かった」（『「企み」の仕事術』）と言っているが、「定型の演歌名人芸といえるようなもの」はまさにそのような歌詞のオンパレードであった。しかしこの歌はそうはならないように作った、というのである。

ではそのために阿久はどのような工夫をしたのか。

具体的には、曲の上で力を入れてうなる部分をなくすことであり、言葉では、「北の宿」と断定すべきところを「北の宿から」と流し、「女ごころの未練でしょうか」と問い詰めるところを、「女ごころの未練でしょう」と自問の形にしたのである。

（『歌謡曲の時代』）

このことの狙いを、阿久は「歌詞の中の「女ごころの未練でしょう」は常套手段からいえば、「女ごころの未練でしょうか」と、相手に向かってたずねなければならない場面だろう。人のせいにしなきゃならないのに、このヒロインはそれを潔しとせず、自分で責任を取っている。「未練でしょう」という言い切りには、そういう意味が含まれている。未練を持つことが悪いといいたいわけではない。未練を自分で認識していますよ、というヒロインにしたかっただけだ」（『「企み」の仕事術』）と説明する。

このヒロインは、たしかに男への未練を捨てきれていない。しかしだからといって未練に浸りきっているわけでもない。そのような自分を、「ああ、こういうのを未練って言うんだろうな」と、どこかで客観視するクールさを持ち合わせている。

さらに阿久はこうも言っている。

そういえば、あの当時、淡谷のり子さんもえらくご立腹で、「大体ね、別れた男のセーターなんか編むんじゃないの。みっともない」とテレビで逆上しているのを見たことがある。

この歌に関しては多くの誤解がある。この女性のことを男は一般的にいじらしいと考えているが、そこが違っている。……

ぼくのつもりでは、この女性は相当な性根の持ち主で、セーターにしたところで、編み上げてケリをつけたかったたに過ぎない。完成したら、ポイと誰かに上げる。ぼくはそう思っていた。

(『歌謡曲の時代』)

女は自分を捨てた男を思いながらセーターを編むが、それはその男にこのセーターを着てもらうことを願ってのことではない。セーターを編む時間というのは、「女ごころの未練」を断ち切るために必要な時間であり、一種の儀式である。そして、セーターを編み上げたところで、女は未練を思い切って断ち切り、「北の宿から」次へと踏み出していこうというのである。

このような、次の一歩を踏み出そうとする女性の姿は、ペドロ&カプリシャスの「ジョニイへの伝言」にも描かれている。

ジョニイが来たなら伝えてよ　二時間待ってたと
割と元気よく出て行ったよと　お酒のついでに話してよ
友だちなら　そこのところ　うまく伝えて

ジョニイが来たなら伝えてよ　わたしは大丈夫
もとの踊り子でまた稼げるわ　根っから陽気に出来てるの
友だちなら　そこのところ　うまく伝えて

今度のバスで行く　西でも東でも
気がつけばさびしげな町ね　この町は

……………

ジョニイが来たなら伝えてよ　二時間待ってたと
サイは投げられた　もう出かけるわ　わたしはわたしの道を行く

友だちなら　そこのところ　うまく伝えて
（「ジョニイへの伝言」（１９７３））

この歌について、阿久はこう解説している。

この歌は、何年か暮らした町を、何かの事情で出て行かなければならなくなった男女が、おたがいにそれぞれの雑用を片づけ、コーヒーショップあたりで待ち合わせた時のドラマである。

待てどくらせどジョニイは来ない。女は二時間待つ。二時間を義理と誠意の限界と心得ていたのか、そこできっぱりとジョニイを見捨て、新たな人生に一人で踏み出そうとするのである。……

だが実は女は、

〽もとの踊り子で　また稼げるわ
　根っから陽気に出来てるの……

と強がっても、

〽今度のバスで行く　西でも東でも
　気がつけば　さびしげな町ね　この町は……

と、まだ二つも三つも選択と賭けが残されているのである。

（『歌謡曲の時代』）

女とジョニイは、一緒にどこかへ旅立とうと約束していた。ジョニイとなら知らない土地でも生きていくことができる、そう思っていたのである。しかし、来るはずのジョニイは来ない。二時間待つ、というのは、「義理と誠意」――ジョニイへの信頼ゆえであったろうし、また、それほどに思いをよせたジョニイが来ないということの意味を、彼女なりに整理する時間でもあったのだろう。二時間たって、この女はひとりで新たな人生に踏み出していく。

しかし、それはアテがあってのことではない。たった今、ひとりで旅立つ決心をした女には、具体的な未来はまったく描けていない。彼女には「まだ二つも三つも選択と賭けが残されているのである」。

この詞の中では、舞台がアメリカ大陸のど真中であるとも、西へ行けばロサンゼルスで、東へ行けばニューヨークで、とも書いていない。しかし、それは、単なる西とか東とかの方向の問題ではなく、主人公のここから先の人生をガラリと変えるほどに違う目的地だということを、暗示させる。その上、その、いわば危険な賭けを、主人公の女は、今度のバス、先に入って来たバスに乗り込むことで果そうとしているのである。

（『歌謡曲春夏秋冬——音楽と文楽』[18]）

「ここから先の人生をガラリと変えるほど」の「危険な賭け」であっても、それを引き受けていくと決め、それを「今度のバス、先に入って来たバスに乗り込むことで果たそうとしてい」る女性の強さを、阿久は描こうとしていた。

そしてこの女たちの旅は、「前の恋愛を清算したいからとか忘れたいからとか、一緒にいるのが辛いからということじゃなくて、これはもうこれで終わったと、ここから先、自分が次の人生を切り開くための一つの儀式としての旅」（『A面B面』[19]）であると阿久は言う。「北の宿から」にも「ジョニイへの伝言」にも、「逃げていくんじゃなくて、出直しの儀式」（同）をしている、そういう女のありかたが歌われていたのである。

旅立つ女たちの目は、過去を見てそこから逃げようとしているのではない。いまだ見えない未来へと視線を向け、静かに、しかし敢然と踏み出していくのである。

「女」から「女性」へ――女の流儀②

ここまで見てきたような女性像を、阿久はさらに次のような具体例を挙げて説明する。「男女が情事の一夜を明かしたホテルの部屋で、朝、女性を窓辺に立たせるとして」、という課題が与えられたとき、「女」を描くことが達者な作詞家――これは当時阿久のライバルと見なされていた、なかにし礼を想定しているのであろう――と、「女性」を描きたがる阿久では、それぞれどういう光景を描くであろうか。

「おそらく、ライバルの作詞家なら、女は窓を背にして部屋の中を見る。部屋には昨夜が残っている。ワインが少し残ったグラス。灰皿いっぱいの吸い殻、乱れたベッド、そして、けだるくネクタイを結んでいる男。夢のかけらが、むせかえるような空気の中に散らばっている」(『歌謡曲春夏秋冬――音楽と文楽』)。それに対して、自分なら次のように書く、と阿久は言う。

きっと女性は窓辺に立って外を見させるでしょう。初めはレースのカーテンごしに眺めていましたが、やがてそれも引き開けます。まぎれもなく都会の朝がそこにあります。人々はもう今日一日のために足を急がせています。そして、眩しい太陽の光、たった半日このホテルの部屋にいる間に、季節が一つ移ったかのような感じがします。女性の顔や胸は今日に行きたがり、背中だけがまだ昨日にひきずられています。そして、女性は心のどこかで、男性が無言で部屋を出て行ってくれることを願っています。カチャリとドアの閉まる音がしたら、ふり向いて、昨日に決別しようと考えているのです。

(『NHK人間講座・歌謡曲って何だろう』)[20]

阿久の描く「女性」は、昨日の余韻が残るホテルの部屋にいて、「背中だけがまだ昨日にひきずられて」いても、もう窓の外の新しい今日を見ている。それが「窓を背にして部屋の中を見」ている「女」との決定的な違いである、というのである。「女性」と「女」の違いは、阿久にとって大事な違いである。

「女」として描かれている流行歌を、「女性」に書き変えられないか。

これは阿久が作詞家として本気でやっていこうとしたときに作った、十五条からなる「阿久悠作詞家憲法」の第六条の言葉である。阿久は「今まで誰も書かなかった匂いの歌を、……作詞家阿久悠の思想、個性として固める」（『生きっぱなしの記――私の履歴書』[21]）ことをめざしてこの憲法を作ったのであるが、その中で課題としたことのひとつが、それまでの流行歌に描かれたものとは異なる女性像を描くということであった。「女」と「女性」の違いについて、阿久は次のようにも言っている。

歌謡曲を聴いて、「女性」と感じることはありませんでした。大抵は、「女」という印象に思えました。どうやら歌の世界に於ては、ずっと男性主導で男女関係が存在しつづけていたようです。……

強い女性の詞を書くことに心掛けました。強いといっても、豪腕でも、鬼神でも、鉄の女でもありません。ただ、いろいろあったことの最終結論を自分で出すというだけのことです。そして、最終結論の場で、男に対してすがらない、男の目の前で泣かない、男を恨まない、ということを決めごとにしました。

（『NHK人間講座・歌謡曲って何だろう』）

それまでの流行歌・歌謡曲で描かれていたのは「男性主導の男女関係」を前提とした女性像、つまり男性が一方的に別れを告げ、女はそれにすがるというような定型であり、それは阿久に「女性」ではなく「女」という印象を与えるようなものであった。だからこそ阿久は新たな女性像として、「最終結論を自分で出す」女性を描くことを決めたのであり、このことが先に見た「北の宿から」や「ジョニイへの伝言」の制作意図[22]にもつながってくるのである。

先にも見た「カサブランカ・ダンディ」の歌詞を引きながら、阿久は、「ぼくは、キラキラとか、ピカピカとかが好きで、いくつかの詞に使ったが、女性に対してのキラキラもピカピカも未来語、男性に対しては、〽ボギー　ボギー　あんたの時代はよかった／男がピカピカのキザでいられた……というように、もっぱら過去語であった」(『歌謡曲の時代』)と言う。男が「キラキラ」「ピカピカ」していたのは過去であるが、女が「キラキラ」「ピカピカ」するのはまさにこれからの時代——未来である、と阿久は言うのである。

歌謡曲の中で、愛らしい、いじらしい、いとおしい、哀れを誘う、かばってやりたい、抱きしめたい——と思っている女の像と、現実の女性像には相当のズレを感じていました。まだまだ社会は、女性の時代の前夜のような状態でしたが、それでも、颯《さっ》爽《そう》と大股で歩く姿が美しいと感じられるような女性もいましたし、NOと云える女性も、自立を考える女性も少なくありませんでした。そして、それは、やがてかくあるであろうという姿でもありました。

（『ＮＨＫ人間講座・歌謡曲って何だろう』）

阿久が作詞をはじめた当時、「まだまだ社会は、女性の時代の前夜のような状態」ではあったが、しかし中にはすでにこれから来る時代を感じさせるような生きかたをしはじめていた女性たちもいた。そんな「現実の女性像」と歌謡曲の中で描かれる女性像に、阿久はギャップを感じていたのである。

近年、ＰＣ用語を使って、男性は過去の恋愛を〝名前をつけて保存〟（過去の恋愛をすべて保存しておく）するが、女性は〝上書き保存〟（過去の恋愛に現在の恋愛を上書きし、過去の恋愛はきれいに忘れられてしまう）するというようなことがよく言われる。このような男女観がいつごろから出てきたのかそれ自体興味深いが、そもそもむしろ女性の方が、男性よりある意味「いさぎよい」という面があることは本書の主題のひとつでもある（次節「自由で強くてやさしい子を／凜としていると言います」参照）。にもかかわらず、昭和の歌謡曲の世界では、自分を捨てた男にすがりつき、いつまでも思いつづける女ばかりが描かれていたことに、阿久は違和感を感じたのである。

そして阿久はそのことに、次のような男の秘めた願望を見いだした。

そのように、歌謡曲と現実を比べてみますと、これは歌謡曲が遅れているのではなく、むしろ、変わって行くことを承知で守ろうとしている、「男の最後の聖地」ではないだろうか、という気がして来ました。

時代が変化しているのに、女性をそのまま女にとどめておこうとすることは、女性の問題ではなく、むしろ、男性が今まで通りの「男」でありたいと思っていることではないか、ということです。

（『NHK人間講座・歌謡曲って何だろう』）

現実の社会は新たな女性のありかたを受け入れてきているのに、歌謡曲の中には旧態依然の「女」、そして「男」が描かれている。つまり歌謡曲では男ばかりが「キラキラ」「ピカピカ」しているのであり、それは過去のような「男」でありたいという男たちの願望が反映された「男の最後の聖地」なのではないか――。自分自身が男性である阿久は、そんな歌謡曲のありかたを顧み、だからこそ自分が書く詞には意識的に今までとは違った「女性」を描こうとしたのである。

このような男性としての阿久の観察は、たとえば次のような具体例をめぐって、微妙に描かれている。

一九六一（昭和三十六）年に、それまでストッキングの裏側にあったシーム（縫い目）

をなくした商品（シームレスストッキング）が発売されるまで、このシームという一本の線は、女性たちのありかたに少なからぬ影響を及ぼしていた。

この一本の線はなかなか厄介なもので、女性の行動を極端に制限した。線が脚の裏側の真中にあり、曲りもたるみもなくスーッと伸びていると美しく見える。足も細く長く見える。ところが、ちょっとした動きにも線の位置がずれ、おまけに、ガーターが弛んだりすると、クタクタとして見られたものでなくなる。それが気になるものだから、女性は椅子に掛けても立っても、早足で駆けても、何かを跨《また》いでも、常に脚の裏側の線を気にしていなくてはならず、自然に動きは小さくなった。

もっとも、そのことで女性の美を発見して喜び、はじらいの愛《いと》しさを歓迎していた人たちもいる。事実、椅子から立ち上がった瞬間、それと悟られずに脚の方に視線を投げる女性に、色っぽさを感じたことは何度かあるが、これはやはり窮屈と制限を加えながら、美と徳の名の下に強いる理不尽なことなのだろうと、あとになって気がついた。

（『昭和おもちゃ箱』）

そうした中、シームレスストッキングが発売されると、女性たちはこれを大歓迎し、シームのあるストッキングはあっという間になくなっていった。

あれよあれよという間に、女性のストッキングの裏側から、あの微妙で、男にはいじらしく、女には厄介な線が消えた。この男にはいじらしく、女には厄介なというところが象徴的である。……

そして、これも待望であったのだろう、女性の歩幅は広がり、スタスタと歩き、ヒョイと跨ぎ、ピョンと跳び、闊歩《かっぽ》という言葉が似合うようになった。それが現代の女性に繋がる第一歩となる。もう、椅子から立ち上がった時、チラと視線を投げる女性はいない。（同）

シームレスストッキングの登場によって、女性たちは思いっきり動き、歩けるようになった。逆に言えば、脚の裏側にあった一本の線は、女にとってそれほどに「厄介な線」だったのである。

しかし、阿久も含めた男性たちにとって、女性の動きを制限するその線は、「女性の美」や「はじらいの愛しさ」「色っぽさ」を感じさせる、「いじらしい」線であった。阿久はあとから振り返って、「これはやはり窮屈と制限を加えながら、美と徳の名の下に強いる理不尽なこと」であったと反省するのであるが、この文章の最後の一文には、阿久のアンビバレントな隠れた思い——、大きな歩幅でスタスタと歩く女性たちの「現代の女性に繋がる第一歩」に喝采を贈る気持ちと同時に、阿久自身もたしかに色っぽさを感じた女たちのしぐさ、そしてそのしぐさを見ながら男たちが心に描いていた女のありかたが失われたことに対する寂しさもにじみ出ているように思えるのである。

「自由で強くてやさしい子を／凜としていると言います」

「八千草薫」と題された、一九七三年に書かれた短文がある。ここには以上見てきたことの根底にある、ある意味で阿久の「女性観の原点」ともいうべきものが述べられている。少し長くなるが、全文を引く。

ぼくらの年ごろの男性は、マザーコンプレックスと同様の形で、八千草薫コンプレックスにとりつかれているように思うのだ。
何かで女性を選ぶ場合、その規準になるものは八千草薫であり、その理想型もまた八千草薫なのである。

少年の心に、少年といっても、今すぐ女を抱いてもけっしてふしぎではない年頃の少年の心に、女というものの神秘的なやさしさを植えつけたのがこの人であり、女というものはかくもけなげで美しいものなのだと教えたのもこの人なのである。

それは、「宮本武蔵」のお通を演じる彼女を見てのことであるが、特に、大木に吊《つる》された武蔵を掌《てのひら》の皮をはぎながら救《たす》け出そうとするときのお通のけなげさ、そのときの八千草薫の顔は、女神に同化したような神々しさと、やさしさに満ち、胸を痛くしたものである。

ぼくらのだれでもが、この一シーンのこの顔のために、一生の女性観にフィルターをかけられてしまうのである。そして、女性観の原点が、この一シーンにあるといって過言ではないのである。

その後、少年たちは、八千草薫を求めての巡礼になり、常に違う違うと叫びながら、また巡礼になるのである。年過ぎて、巡礼に疲れた少年たちにとって、八千草薫は美の女神になり、確かに存在するというやさしさの証明として宿っているのだ。

思えば二十年間、女神であり得る八千草薫とは何なのだろうか。

少年の心の対象であったことを考えると、彼女の結婚は知らない世界のできごとという扱いをどうしてもとりたいのである。

（『36歳・青年　時にはざんげの値打ちもある』）[23]

少年時代の阿久に「女というものはかくもけなげで美しいものだと教えた」女優・八千草薫に対して抱きつづけてきた特別な思いを書いたこの文章は、八千草の結婚を認めたくないという最後の吐露も含め、作詞家になってからの阿久の女性観とは一線を引いて考えるべきもののようにも見える。が、ここで言及される映画「宮本武蔵」がきっかけで、八千草像が、阿久がその後「何かで女性を選ぶ場合、その規準になるもの」になったというのであるから、それはやはり、阿久の「女性観の原点」ともなっているはずである。

一九五四年に封切られた「宮本武蔵」は、宮本武蔵が剣豪として知られるようになる以前の武蔵を描いた作品で、主役の武蔵《たけぞう》を三船敏郎、その幼なじみの又八を三國連太郎、又八のいいなずけのお通を八千草薫が演じた。一九三一年生まれの八千草薫はこのとき二十三歳で、六歳下の阿久が心を奪われた可憐さでヒロインお通を演じている。

「宮本武蔵」は、概略、以下のような内容である。

――武士として功を上げようと考えていた武蔵と又八は、故郷の宮本村を抜け出し、関ヶ原の戦いに参加するが、途中で又八が負傷、武蔵はひとり又八の生存をその母に伝えようと村に戻ろうとするが、その途上、関所破りをして追われる身となる。そのころお通は、又八の母から、たとえ又八が死んでいたとしてもお前はこの家の嫁だと言われ、もとは孤児であったという身の上もあり、この村で生きていくためを考えてその言葉にうなずくことしかできずにいた。一方、山に逃げていた武蔵は、沢庵《たくあん》和尚に諭されて村に戻ったが、その沢庵によって寺の杉の大木に吊されてしまう。そんな武蔵を見て、お通は「力が欲しい　私に強い力が……」と、武蔵をなんとかして助けたいと思うが、女の細腕ではそれもかなわない。そんなときに、お通は再度又八の母にお前はこの家の嫁だと言われ、今度はその言葉に、「お通に死ねとおっしゃるのですか。それは死ねと言うのと同じことです。生きながらに死ねと言うのと」と反発する。そして沢庵に武蔵を下ろしてやってほしいと頼みこむが聞き入れられず、真夜中の宵闇に隠れて、手のひらを血だらけにしながら、あるだけの力を振りしぼって武蔵を木から下ろす。そして二人は村から逃げるが、その途上、お通は武蔵に対してこんなことを言う。

「私は武蔵さんが縛られているのを見ているうちに、自分も目に見えない縄に縛られているのに気がついたの。でも私一人ではどうしてもその縄を切ることができなかったんです。武蔵さん、私はもう村へは帰れません。一緒にどこへでも連れて行ってください」

しかし二人は結局追っ手に捕まり、武蔵を一流の剣士にしようとした沢庵のはからいによって武蔵は三年間姫路城に閉じ込められ、書物を読むことを命じられる。お通はその間城下町で武蔵を辛抱強く待ち、武蔵が出てきたあかつきには共に生きていこうと決めていたのだが、城から出てきた武蔵は、再会したお通を置いて旅立っていく――。

この作品の軸のひとつとなるのが、物語を通してのお通の変化であろう。はじめは又八との結婚をしかたのないものとして諦め、受け入れていたお通だったが、途中から、その宿命から逃れようと強い意志を持つようになる。それは縛られた武蔵の姿に、目に見えない縄に縛られたほかならぬ自分のありようを見て取ったからであり、お通が命がけで武蔵を木から下ろそうとするのは、自分自身を縄から解き放つためでもあった。しかし、その見えない縄から解放されたお通は、ひとりで生きていくこともできたはずであるが、それを選ばず、武蔵と共に生きていくという新たな人間関係の縄をみずから望んだのである。

ここで阿久のことに話を戻すと、阿久が従来の歌謡曲とは違った男性像、女性像を描こうとしたとき、具体的に試みたことは、「自分の書く詞から「しょせん」と「どうせ」を外《はず》」(「怨からの脱出」(24))すということであった。「流行歌とはしょせん、うらみとつらみとそねみ」という古賀政男が残した言葉に象徴されるように、大正から昭和前期にかけての時代、「重々しい社会や、重々しい時代や、重々しい宿命の中で、多くの人々は何かを誰かを怨むことで日々の清算をし、あるいは、一生の帳尻を合せていた」(同)のであり、流行歌はそのようなひとびとの思いを代弁していた。しかし阿久が歌謡曲を書きはじめたのは昭和四十五(一九七〇)年、その時代は「少なくとも「怨」の社会ではなかった」(同)、つまり「重々しい宿命」からひとびとが解放されつつある時代だったのである。そこで阿久が時代に見合った詞を書こうとしたときにしたことのひとつが、「「しょせん」と「どうせ」を外」すことであった。

しかし、それだけでは歌謡曲は成立しない。「しょせん」「どうせ」を歌わないとなると、歌謡曲はそれ以外の主題を探さなければならない。「(「しょせん」「どうせ」を)外したことによって、そこに全く別の決心とか決断とかを書き加えなければならなくなり、それを語ることで詞は新しくなった。そして、併せて、「女」が「女性」になり、自分の意志で判断し、行動することが出来るようになったのである」(同)。つまり、阿久の作品では、自分を背後から縛るようなもののことを歌う代わりに、自分の前にある「決心」や「決断」を歌うことになり、女性が主人公の歌であれば、男に縛られるのではなく、自分であらためて自分の人生を選び取り、未来に一歩を踏み出す姿が歌われることになったのである。

阿久はその最晩年、雑誌『暮しの手帖』に「日本人らしいひと」というテーマで詩の連載をしていた。死の二か月前に書いたのが、「凜とした女の子におなりなさい」という、次のような詩である。

女の子だからといって
ヨワヨワしていたり
メソメソしていたり
何かというと他人を頼りにして
愛しいと思われてみたり
そんな子である必要はないのですよ
助けてやりたいとか
庇ってやりたいとか
守ってやりたいとか
男にとってはいい気分だろうけど
そんなもの　美徳でも
魅力でもありゃしない
いいかい　女の子だって

強くってもいいんだよ
粗雑であったり
乱暴であったり
不行儀が平気は困るけど
ちょっとした挨拶の誠意と
心地よい微笑の会釈と
問われた時にハイと答える
意志さえ感じさせれば
強くっていい
男は自分が弱い者だから
縋《すが》りつく子を抱きしめるが
そんなのは三日だけの愛しさ
あとは　只の重荷になる
傷つけないようにハッキリと言い
侮辱を感じさせない態度をしたら
あとは　自由に生きなさい

強く生きなさい
自由で強くてやさしい子を
凜としていると言います
凜とした女の子になりなさい
凜とした…
近頃いないのです

（『凜とした女の子におなりなさい』[25]）

男を頼り、男に守ってもらうのではなく、自由に強く生きていいんだよ、と女の子たちに語りかけるこの詩は、阿久が作詞家として女性たちにずっと送りつづけてきたメッセージの総決算とも言えるものであろう。そして阿久はこの詩に、こんな言葉を添えている。

ぼくはもともと強い女の子を書いていたから、大股で闊歩する子を悪く思わない。大股スタスタ結構だ。しかし、容貌やスタイルや態度と同様に、心が魅力的かというと、只の不行儀のことが多い。（同）

ここでは阿久が女性たちに求めることの比重が、「大股で闊歩する」ことよりも「心が魅力的」であることに置かれていることがわかる。シームレスストッキングの登場によって女性たちが「大股で闊歩する」ようになったとき、阿久はそれを女性が「自由で強く」なったこととして歓迎したが、結果は「只の不行儀」が増えるばかりだった。だからこそ阿久はその最晩年にあらためて、「凛とした女の子」に大切なのは「大股で闊歩する」「自由で強く」あること自体ではなく、その根底にある心のありようであるということをこの詩で伝えようとしたのではないだろうか。

そしてそのキーワードになるのが、「自由で強くてやさしい子を／凛としていると言います」と、阿久が「自由で強く」あることにつけくわえた言葉——「やさしい」である。その「やさしさ」とは、具体的には、「ちょっとした挨拶の誠意と／心地よい微笑の会釈と／問われた時にハイと答える／意志を」感じさせること、あるいは「傷つけないようにハッキリと言い／侮辱を感じさせない態度」である。「心が魅力的」という「やさしさ」とは、そんな些細な、しかし細やかな心の誠意であり緊張のありようである。

先の「八千草薫」という文章でも、短い中に、「女というものの神秘的なやさしさ」「そのときの八千草薫の顔は、女神に同化したような神々しさと、やさしさに満ち、……」「確かに存在するというやさしさの証明」と、「やさしさ」という言葉が三度も使われていた。先に見たように、「やさしさ」や「やせがまん」の根幹には、やせるほどに人目を気にし、ひとに気をつかうという、ひとと共に生きるときに感じる畏《おそ》れの気持ちがある。ひとりで自由に生きるのではなく、あらためて他者との関係の中で生きていくことの大変さを選んだお通は、阿久にとって「確かに存在するというやさしさの証明」であったのであろう。

お通は、それまで自分を縛っていた縄から逃れながら、武蔵と生きるという別の縄を自分の意志で選んだ。そこにあるのは、又八のいいなずけという自分の宿命を「しょせん」「どうせ」と諦めて嘆きながら生きていくのではなく、自分の生きかたを縛り、律するものをみずから選びなおし、そして自分で選んだからにはそれをきちんと引き受けて生きていこうという、強い「決心」「決断」である。

そんなお通の姿は、阿久の父が警官としての窮屈な生きかたをみずからに課し、阿久自身もそれにならっていたこととも重なってくる。ひとりで自由に楽に生きるのもいいかもしれないが、自分を律するもの――自分に「やせがまん」をさせるものがなくては、自分は「人間でなくなってしまう」。だからこそ、自分がきちんとその「やせがまん」を引き受けていこうと腹をくくることができるようなものを自分で選びなおすこと――ひとと共に生きることの緊張や畏れをもう一度引き受けなおすこと、それを阿久は八千草演じるお通の「やさしさ」として感じ取ったのではないか。

男の美しさは、生きることの怖さを知っている美しさだ。

死ぬことの怖さではない。

生きることの怖さだ。

それを一生懸命という。

男の一生懸命は、一生懸命の女の目にだけ美しく見える。しかし、一生懸命でない女の目には、ただの滑稽な姿にしか映らないだろう。


（『未完青書』）

阿久がこう言ったとき、彼が思い描いていたのは、畏《おそ》れ、緊張しながらも、背筋を伸ばしてひとと十全にかかわろうとしている、そんな懸命な男と女の姿だったのでないだろうか。それが「凜とした」ということであろう。

（1）阿久悠『書き下ろし歌謡曲』岩波新書、一九九七

（2）阿久悠『昭和おもちゃ箱』産経新聞ニュースサービス、二〇〇三

（3）これがひたすらに現状を憂えたり、単なる懐古趣味や新しもの好きといったものではないことは、阿久が次のように言っていることからもわかる。

ぼくは常に新しさを求めていたが、新しさが踏み潰したいい風景を決して忘れては

ならない、という気持も持っている。……ただ、詞を書いた時に、古いことへの回帰と思われてしまっては失敗で、あくまで、今最高に魅力的なものとしての古いもの、と解釈されなければならない。

（『歌謡曲春夏秋冬――音楽と文楽』）

(4) 阿久悠『「企み」の仕事術』KKロングセラーズ、二〇〇六
(5)『書き下ろし歌謡曲』（前註1）で阿久が「「カサブランカ・ダンディ」（一九七九年）はハンフリー・ボガードへのオマージュですから」と言っているように、この「ボギー」というのは、映画「カサブランカ」主演のハンフリー・ボガートのことである。
(6) 河村シゲル『勝手にしやがれ――阿久悠　やせ我慢の美学』KKベストセラーズ、二〇〇八
(7) 重松清『星をつくった男　阿久悠と、その時代』講談社、二〇〇九
(8) 阿久悠『ただ時の過ぎゆかぬように――僕のニュース詩』岩波書店、二〇〇三
(9) 阿久悠『無冠の父』岩波書店、二〇一一
(10) 阿久悠未発表日記（文藝別冊『阿久悠〈没後十年〉時代と格闘した昭和歌謡界の巨星』河出書房新社、二〇一七）
(11) 阿久悠『歌謡曲の時代』新潮社、二〇〇四
(12) 阿久悠『歌は時代を語りつづけた』日本放送出版協会、一九九二
(13) 阿久悠『銀幕座二階最前列』講談社、一九九六

（14）向坂寛『恥の構造――日本文化の深層』講談社、一九八二
（15）小学館『日本国語大辞典』。なお、「やさしい」という言葉についての思想史や「恥」とのかかわりなどの詳細については、竹内整一『「やさしさ」と日本人――日本精神史入門』（ちくま学芸文庫、二〇一六）を参照されたい。
（16）阿久悠『清らかな厭世――言葉を失くした日本人へ』新潮社、二〇〇七
（17）阿久悠『未完青書』集英社、一九八一
（18）阿久悠『歌謡曲春夏秋冬――音楽と文楽』河出書房新社、二〇〇八
（19）阿久悠・和田誠『A面・B面』文藝春秋社、一九八五
（20）阿久悠『NHK人間講座・歌謡曲って何だろう』日本放送出版協会、一九九九
（21）阿久悠『生きっぱなしの記――私の履歴書』日本経済新聞社、二〇〇四。なお、「阿久悠作詞家憲法」の全文は以下の通り。
1　美空ひばりによって完成したと思える流行歌の本道と、違う道はないものであろうか。
2　日本人の情念、あるいは精神性は、「怨」と「自虐」だけなのだろうか。
3　そろそろ都市型の生活の中での、人間関係に目を向けてもいいのではないか。
4　それは同時に、歌的世界と歌的人間像との決別を意味することにならないか。
5　個人と個人の実にささやかな出来事を描きながら、同時に、社会へのメッセージ

にすることは不可能か。
6　「女」として描かれている流行歌を、「女性」に書き換えられないか。
7　電信の整備、交通機関の発達、自動車社会、住宅の洋風化、食生活の変化、生活様式の近代化と、情緒はどういう関わりを持つだろうか。
8　人間の表情、しぐさ、習癖は不変であろうか。時代によって、全くしなくなったものもあるのではないか。
9　歌手をかたりべの役から、ドラマの主人公に役替えすることも必要ではないか。
10　それは、歌手のアップですべてが表現されるのではなく、歌手もまた大きな空間の中に入れ込む手法で、そこまでのイメージを要求してもいいのではないか。
11　「どうせ」と「しょせん」を排しても、歌は成立するのではないか。
12　七・五調の他にも、音楽的快感を感じさせる言葉があるのではなかろうか。
13　歌にならないものは何もない。たとえば一篇の小説、一本の映画、一回の演説、一周の遊園地、これと同じボリウムを四分間に盛ることも可能ではないか。
14　時代というものは、見えるようで見えない。しかし、時代に正対していると、その時代特有のものが何であるか、見えるのではなかろうか。
15　歌は時代とのキャッチボール。時代の中の隠れた飢餓に命中することが、ヒットではなかろうか。

(22)「ジョニイへの伝言」の女について、阿久は次のように言っている。
この歌の主人公のもと踊り子には、「女」を「女性」と思わせたい意識などは欠片《かけら》もありません。女として待っています。女として伝言を頼みます。しかし、最後の部分での、過去の見切り方や、人生の選択には、男に依存しない「女性」の決断があったように思えます。
女性の権利は何一つ主張していなくて、ただの捨てられて出て行く女に見えますが、私は、歌の中のこの女性の思考と行動は、「女」ではなく「女性」であったと信じているのです。

(『NHK人間講座・歌謡曲って何だろう』)

(23)阿久悠『36歳・青年　時にはざんげの値打ちもある』講談社、一九七三

(24)阿久悠「怨からの脱出」(『近代日本文化論5　都市文化』岩波書店、一九九九)

(25)阿久悠『凛とした女の子におなりなさい』暮しの手帖社、二〇〇八

第二章　隠された畏れ——向田邦子と女という「阿修羅」

「女を信じてない」

人心が移ろっていくのは世の常だが、テレビの世界ほどそのことを残酷に感じさせるものもない。ひとびとは次から次へと新しい趣向、新しい感性、新しいスターを求め、古いものは無惨に捨てられ、忘れられていく。

そのような厳しい世界でも、向田邦子（一九二九〜一九八一）が手がけた作品群——「阿修羅のごとく」「あ・うん」「寺内貫太郎一家」等々——はいまだひとびとの間で語りつがれ、リメイクされ、支持されつづけている。

その理由のひとつは、たとえば向田の妹・和子が「姉は庶民的でした。だれもが「これは自分の話だ」と、思うものが書けたという意味で。だから、いつの時代にも姉の本を読んでくれる方がいるんじゃないでしょうか(1)」と語っているように、何気ない日常の普通の暮らしの中で、ややもすればかき消されて埋もれがちなひとびとの微妙な思いや願いといったものを描きとろうとした、向田の一貫した姿勢にあるだろう。

向田自身、「英雄とか偉い人が、どうも肌に合わず、お札《さつ》や切手や銅像になるような人のドラマは書かないと頑張って過してきた。到らぬ人間の到らぬドラマが好きだった。欠点だらけの男や女の、すべった転んだが描けたらそれでいいと思っていた」(「大統領」(2))と言っているし、向田と組んで多くの作品の演出を手がけた久世光彦は、あるドラマで原稿に〈その子〉と書いてあったのを〈忍〉と直したところ、「そういう特別な、それも過剰にロマンティックな名前だと、はじめからなんだか選ばれた劇的な女になってしまう。女はみんな普通なのだ。普通の生まれで普通の育ち、普通の名前で普通に人を好きになる(3)」と、向田にひどく怒られたという。

向田と作家・常盤新平との「男の美学について」と題した対談にも、次のようなやりとりがある。

常盤　今日は「男の生き方の美学」ということで……。
向田　美学ですか。ウハハ。わたしには男の方のすることはすべて美学に見えますよ。
常盤　向田さんはつまらない男をあたたかく見てくださるという気がいたします。中年男で腹が出てて、風采《ふうさい》があがらなくて、しかし、そういう男を優しく見てくださるので、私などたいへん心強く思うんです。
向田　もちろん、そっちのほうがいいですよ。わたくしね、なんて言うんでしょうねえ、お札《さつ》になる人と切手になる人は、ドラマでも絶対に書くまいと思ってたんですよ。いやなんですよ。つまり、偉い人っていうことですけどね。だから、それ以外の人はもう大好きなんです、みんな。……駄目な人っていうんでしょうか、そっちのほうがいいですねえ。取柄《とりえ》がないっていうような人が好きですね。

（『お茶をどうぞ――対談　向田邦子と16人』(4)）

常盤が言うところの「つまらない男をあたたかく見」る向田の目線、そして「それ【偉い人】以外の人はもう大好き」という思いこそが、向田作品の魅力を作りあげる原動力のひとつであると言えるだろう。

ところが、この対談の中で、向田はこんなことも言っている。

向田　わたしは結局、男の人はみんな面白いですよ（笑）。女よかぜんぜん面白い。……わたしはネコも雄ネコ、お医者さまも男のお医者さんというふうにね（笑）。恥ずかしいんですけどね。わたし、お店屋さんに行くでしょ、女の店員から絶対に買わないですよ。嫌いですよ、わたし、女の店員から物を買うの。こんなこと言うと、自立するなんとかの雑誌から叱られますけど、信用してないですね、女を。たとえばお薬ならお薬買いますね。その時、たとえば三千円ぐらいかけて買うわけですよ。女の人から買うと――その人が作った薬じゃないですよ――単なる売ってる人ですけども、薬が効かないような気がする（笑）。女を信じてないとこありますね。

（『お茶をどうぞ――対談　向田邦子と16人』）

向田は自分と同性である女たちのことを「信用してない」。作家・水上勉との対談でも、向田は、「私、女のくせに、女の作った料理を信用しないところがあるんです。二、三例外のかたもいらっしゃるのですけど。白粉《おしろい》臭いんですね。においてはこないんでしょうけど、そういう気がするんです」（『向田邦子全対談』(5)）と、女性に対して根本において不信感を持っていることを告白している。

このような、男性に対してはあたたかく、女性に対しては厳しい向田の評価の背景には、どのような女性観があるのか、とりわけ、女性に対する不信感とはどういうことなのだろうか。

「阿弥陀如来」「調教師」としての女

テレビ脚本家としての向田の代表作のひとつに、一九七四（昭和四十九）年に放映された「寺内貫太郎一家」（TBS）があげられるだろう。それまでも「だいこんの花」や「時間ですよ」など人気ドラマシリーズを手がけ、すでに脚本家として高い評価を得ていた向田だったが、それらはいずれも他の脚本家との共作であり、「寺内貫太郎一家」は向田が初めてひとりでシリーズ全体を担当した作品である。主人公・貫太郎のモデルがシリーズがはじまる五年前に亡くなった向田の父・敏雄であったこともあり、向田みずから全作を書くことを決めた、思い入れの強い作品であった[6]。

寺内石材店（通称「石貫」）の巨漢の主人・貫太郎は、「よくどなり、よく殴り、五年前にポックリ亡くなった」（小説『寺内貫太郎一家』[7]）という向田の父のイメージそのままのかんしゃく持ちで、向田自身が放送翌年に小説化した文章では、「口下手。ワンマン。怒りっぽいくせに涙もろい。カッとなると、口より先に手が飛んで、相手は二メートル先に

け し飛んでいる。この暴力の洗礼は、女といえども例外でなく、女房の里子、長女の静江、手伝いのミヨ子も――いや、実の母親のきんまで、時にはバーンとやられる」（同）と描写されるような、わがまま勝手で、亭主関白を絵に描いたような五十男である。

シリーズ第二話冒頭では、新潟から出てきたばかりのミヨ子が、朝の仕事をしながら届いたばかりの朝刊に目を通したことで、貫太郎に怒鳴られる。里子がとりなして、「ミヨちゃんにはまだ言ってなかったわねえ。うちはね、新聞だの、お風呂は、お父さんが一で、周平さん【長男】が二、それからおばあちゃん……ちゃんと順番が」と言うように、寺内家は、家長の貫太郎を頂点とした男性優位・年功序列がいまだ生きている家なのである。

しかしだからといって、この家全体が貫太郎の顔色をうかがい、つねにぴりぴりとした空気がはりつめているかというと、そうではない。この回では、ミヨ子が怒鳴られる前に、里子の着物のお尻のところが破けていると言って、里子、きん、ミヨ子と長女の静江の女たちがケタケタと笑いころげているシーンがある。それを貫太郎が「何がおかしいんだ」ととがめるのだが、里子たちは「だってぇ」と、まともに受けとめる様子もない。考えてみれば、毎回お約束のように繰り広げられた貫太郎と息子・周平の大立ちまわりも、息子が父親にはむかうことがどこか許容されているからこそのことである。かたちの上では男性優位・年功序列のようだが、女たちや子どもたちは気持ちまで萎縮しているわけではない。

この日は周平の受験三日前で、ご飯を食べると眠くなるから朝ご飯はパンを食べたいとわがままを言う周平と貫太郎は、朝から一触即発の状態になっている。そんな様子を見て、里子は仕事場に行って貫太郎に、「あと三日我慢をして下さい」「周平の試験が終わるまでは、どんなことがあっても怒鳴らないこと、手をあげないこと」と頼みこむ。貫太郎は「そんなことが（出来るか！）」と憤るが、里子はひるむどころか、「やって頂きます」と一歩も引き下がらない。

貫太郎「そんな言ったって、こう（手がひとりでに）手が」
里子「アブないなと思ったら、あたし、サイン出しますから」
貫太郎「サインだ？」
里子「川上さん、金田さんがテレビでやってらっしゃるでしょ。こういうの」
　里子、野球の監督の如く、左手でチョイと自分の鼻をさわり、右肘をさわる。
貫太郎「バカバカしい！　おれは野球の選手（じゃないんだぞ！）」

（「寺内貫太郎一家」第二話[8]）

しかしこの作戦は強行される。茶の間で静江が周平の朝ご飯用のトーストと牛乳を用意しているところに貫太郎が入ってきて、「何だ、それは！」とカッとし、

貫太郎「そんな我がまま（させることァない！）」

言いかけてハッとなる。凄い目で夫をにらみながら、必死に慣れない例のサインを繰り返す里子。廊下に入りかけて棒立ちのミヨ子。

貫太郎「ウーム、ウーム（うなる）」

里子「（静かに）シーちゃん、持ってっておやンなさい」

静江「（ほっとして）ハイ」　（同）

貫太郎は結局監督・里子のサインどおりに動くのである。この後ミヨ子が周平の部屋に朝ご飯を持って行くのだが、サインについての貫太郎と里子のやりとりを知らない二人は、〈周平〉「おっかしいなあ。おやじがそんなはずないんだけどなあ」、〈ミヨ子〉「怒鳴りかけたんだけど……おかみさんがこんなことしたら……うなってやめました」と不審がる。

そのころ茶の間では、貫太郎と里子、静江がこんなやりとりをしていた。

貫太郎「何でオレが奴の部屋に（ゆかなきゃならないんだよ）」
里子「無理にいらして下さいなんて言ってませんよ。ただね、通りがかりにちょっとのぞいてやったら、あの子……今朝のことがあったただけに、ああ、お父さんも心配してくれてるんだな……そう思って安心して（勉強できるって）」
貫太郎「のぞくだけでいいんだな！」
里子「……（あきれて）世間バナシの一つもして……」
貫太郎「おやこでハナシなんかないよ！」
里子「いいお天気だなとか、しっかりやれよっていって、ちょっと笑って…」
貫太郎「フン！」

貫太郎、立ち上がる。廊下へ出てゆく。階段の下で迷う。
里子と静江、茶の間からそっと身を乗り出してのぞく。貫太郎、迷ったあげく、足音をしのばせて階段を上がってゆく。大きくきしむ音。足音の遠のくのを待って、母親の背に飛びつくようにして笑い出す静江。

静江「お父さん、周ちゃんの部屋行ったわよ」
里子「オナカ痛い……」
笑い苦しむ母と娘。

（同）

貫太郎は、里子の言うことなんか聞けるか、というような態度をとりながらも、結局言われたとおりに動いており、その強がったり格好をつけたりする姿をうしろから見ながら、里子と静江はおもしろがっているのである。そして息子に対してうまく愛情を表現することができない貫太郎は、里子に言われたとおりに精一杯やるのだが、うまくいかない。それで結局かんしゃくをおこして里子にあたるのだが、それもまた、里子と静江がおもしろがるネタになってしまうのである。

こうした、かんしゃく持ちで亭主関白の夫を持った里子のことを、向田は小説の中で次のように紹介している。

貫太郎の妻で四歳年下である。小柄で目方は貫太郎の半分もない。引っつめ髪に地味な和服で一日中、クルクルと働いている。色白の美人でまだまだお色気も捨てたものではない。やさしくて、よく気がついて、それでいてシンの強い、昔、沢山いた日本の女である。

実家は官吏。のんびりと恵まれた娘時代を過し、貫太郎とは見合いで結ばれた。当時、まだ物干竿《ものほしざお》の如く痩せていた貫太郎は、見合いの席上、里子を一目見るなり、熟れ過ぎたトマトのように真赤になった。この一目惚れはそろそろ銀婚式を迎えようという現在まで変らない。里子もそれを知っているから、撲《ぶ》たれても蹴られても、ケロリとして、夫についてきた。貫太郎の頑固と横暴に愚痴をこぼしながらも、イザとなると、

「うちのお父さんは日本一よ」

と手放しでノロける可愛い女房である。したがって夫婦仲は極めて円満のようだ。

手が掛かるのは貫太郎だけではない。一筋縄ではゆかない姑《しゅうとめ》のきんがいる。子供達も問題を起す。一癖も二癖もある使用人が揃っている。一家のイザコザのしわ寄せはすべて里子のところに集ってくる。しかし、この人は、見事な大岡裁きというわけにはいかない。

「どうしたらいいのかしら。困ったわねえ」

一緒になって困っている。しかし、ごく自然の成行きのように、事は好転するところを見ると何もしないようでいて、実は里子こそ本当の「良妻賢母」ではないかと思えてくる。

「何にも知らないのよ、母さん馬鹿だから」

といいながら、本当は何でも知っているのである。地震、雷――イザというとき、オタオタする貫太郎より、シッカリしているのは里子なのだ。大声でどなりぶっとば

す貫太郎は、実は里子という阿弥陀如来の掌《てのひら》で暴れる孫悟空なのかも知れない。

……ワンマンではあるが、要所要所は女房の里子が押えているようだ。

（小説『寺内貫太郎一家』）

「何にも知らないのよ、母さん馬鹿だから」と言いつつ、貫太郎も含めた家族みんなをその掌の上で暴れさせながら、それをしっかり〝掌握〟しているのが「阿弥陀如来」たる主婦の里子である。たしかに横暴な貫太郎のふるまいは、今ならばDV（ドメスティックバイオレンス）ということになるのだろうが、里子はそんな貫太郎が自分の〝掌中〟にある余裕か、「撲《ぶ》たれても蹴られても、ケロリとして」、気にする様子もない。一見男性優位で女性たちが虐げられているような寺内家だが、内状を見てみれば、貫太郎をはじめとする家族を「要所要所」で操縦しているのは里子なのである。

このような夫婦の関係は、ほかならぬ向田の父と母の夫婦関係であった。編集者・矢口純との対談で、向田は次のように述懐している。

向田　会社ではたいしたことない父でしたけれど、あれ【背広・ネクタイ】を脱ぐと、一家でいちばん偉い人になる（笑）。殿様みたい。それにうちの父なんか、お膳も別だったし、おかずも違ったたし、一皿多い。……それと昔はガスや冷蔵庫がなかったから、食事にしても風呂にしても、一度にやってしまわないと大変だったんでしょうねえ。だから私たちは父が帰ってくるまで食べられませんでした。……考えたら、食事というのは家庭の一種のセレモニーでしたね。

矢口　私のうちも、父のお膳は別で、あれはいい気持ちだっただろうなあ。（笑）

向田　その代わり、父親の責任というのも大きかったですね。それなりに大変だったと思いますよ。それを妻は、夫に一品余計につけて敬意を表すことで、後に退《ひ》けないようにしたんじゃないでしょうかね。

矢口　変テコなウーマン・リブなんかより、うまいやり方かもしれませんね。

向田　うちの母なんか見てますとね、父にたたかれたりしてひどい目に遭ってるのに、その父は母がいなければ何もできない人に仕立て上げられてしまってましたね。だから父の晩年、私たちはよく父に「お母さんがもし先に死んだら、お父さんも悪いけれどいっしょに殉死して」って言いました。とにかく何もできない人でしたから……。……そしたら父も「オレもそう思う」って言ってましたよ（笑）。かつての暴君をそう言わせた母って、調教師としてはまことに超一流なんだなあと思いましたね。

（『向田邦子全対談』）

「敬意を表すことで、後に退《ひ》けないようにし」、男を巧妙に「調教」するという、「変テコなウーマン・リブなんかより、うまいやり方」を女たちはさらりとやってのける。このような女性のうまさ・強さは、向田家や寺内家に限ったことではない。向田が里子の紹介に「やさしくて、よく気がついて、それでいてシンの強い、昔、沢山いた日本の女である」と書いたように、里子はあくまで「昔、沢山いた日本の女」のひとりにすぎないと、向田は言うのである。（この点は、あとでもう少しふれる。）

日常の護神

しかしそうは言っても、主婦の役割が厳しいものであることにかわりはない。たとえば、「寺内貫太郎一家」第八話では、里子はたいへんな目に遭う。

この日、里子は年に一度の楽しみで、女学校時代の友人と歌舞伎見物に出かける予定で、美容院で髪もセットしてきた。しかしいざ出かけようというころになると、貫太郎は筆を出せ、きんは昨日とりかえたばかりの布団の衿をとりかえろ、石工のイワは破れたズボンを直してほしいと、次々と用事を言いつける。見かねたミヨ子が自分がやると申し出ると、里子は「あたしがやらないと、おばあちゃんゴキゲン悪いから」と断りながら、ミヨ子が針箱をひっくり返すと、さすがに少したかぶった声で、「ミヨちゃん、用ふやさないでちょうだいよ」といらだちを見せる。

そんな里子のところに若い石工・タメがお金を貸してほしいと頼みにきて、里子は「石貫のうちはね、お金の貸し借りだけは固く」、と断るのだが、結局押し切られてしまう。タメは借用書を用意するがそれが貫太郎に見つかってしまい、タメをかばおうとした里子は貫太郎に張り飛ばされて、セットした髪は乱れ、頬も赤くはれあがる。そこにかかってきた友人からの電話に出た里子は、自分の姿を手鏡で見ながら、「うちは店とくっついていて」、「いろいろと用がありまして」と外出を断ってしまう。

一連の出来事を見てタメは激怒、貫太郎を縄でぐるぐる巻きにし、茶の間に連れてきて「おかみさんに手ついてあやまれ!」、「おかみさんがな、女学校の友達と、芝居にゆくなんざ、一年にいっぺんのことじゃねえかよ。……どしてせっかく結ったアタマがこわれるほど……顔が腫れ上がるほど、ブン殴ンだよ」、「この石貫はな、手前一人の力で『もってる』と思ったら……オレ、とっくにやめてら! 貫太郎! 手前がどんなにオレたち、ぶっ飛ばしたって、おかみさんが陰になり、日向になってかばってくれるからこそ、こやって」と、貫太郎を殴ろうとする。

しかしそのとき「なんてことするのよ!」とタメをぶっ飛ばしたのは、里子だった。

里子「タメさん、アンタ、この人誰だと思ってんの！　あんたの親方でしょ！　こんな、縄でしばるなんて（と必死にほどきにかかる）」
タメ「オレ、おかみさんのため思って――」
里子「だったらなおさらじゃないの！　この人はね、あたしの主人なんですよ。いくら何だって、ひどすぎるわよ」（「寺内貫太郎一家」第八話）(9)

と言った里子は、さらに次のように続ける。

里子「みんな、アタシが悪いのよ、お父さんじゃないの、みんなあたしが。……みんなに、おかみさん、お母さん、里子さん……頼りにされていい気になってあれもこれもって一人で抱えこんで……」（同）

みんなに用事を言いつけられ、あげくのはてに年に一度の歌舞伎見物さえ行けなくなった里子は、家族の、貫太郎の犠牲になっているように見える。「一家の主婦だってさ。一年に一度くらい、芝居見にいったって、バチは当んないだろ」ときんが言うように、主婦というのはそれほどまでに家に尽くさなければならないのかとも思わせる。

しかし里子が自分で言っているように、みんなに頼りにされるというのは、けっして悪い気分ではないというのも事実なのである。手伝いを申し出たミヨ子に「あたしがやらないと、おばあちゃんゴキゲン悪いから」と断ったのも、実際にきんにそういうところがあるというだけでなく、頼まれているのは自分なのだ、これはほかの誰のものでもない私の領分なのだ、という意識があったからなのであり、だからこそ里子はみずから「あれもこれもって一人で抱えこんで」いったのである。

この事件の前日には、子どものように里子になんでもやってもらっている貫太郎の姿を見て、静江たちがこんな会話を交わしていた。

静江「寝巻のひも結んでもらってね、毛布かけて、ポンポンてやってもらわないと、ダメだってんだからあきれるでしょ！」

ミヨ子「おかみさん大変ですねえ」

きん「……なあに、里子さん、おかみさんて言われているうちが『花』さ……あ〜あ」

ちょっぴりさびしいきんのあくび。（同）

まだ若い静江とミヨ子は、手がかかる貫太郎の世話を焼きっぱなしの里子の「大変」さを思いやるが、きんは反対に、そうして忙しく働いている今こそが、里子の「花」の時代なのだ、と言う。

きんがそう言うのは、里子の前には、ほかならぬきんが〈寺内家のおかみさん〉という役割を担っていたからである。家族のメンバーだけでなく、石工もかかえて家族で経営している寺内家を切り盛りするのは、並大抵の苦労ではない。しかしそのたいへんさは、ときに、「この家は私がいるからまわっている、この家をまわしているのはほかでもない私なのだ」という自身と矜持、充実感を主婦に与えもする。

倫理学者の菅野覚明は、男性である「主人」が「家父長権」という特権を持っているのと同様、女性である「主婦」は「主婦権」を持っていると言う。日本では旧来主婦を「刀自《とじ》」「家刀自」等と呼んできたが、「刀自」というのはもともと「独立した女性」という意味の敬称で、「主婦」というのも「一家の主人の妻」という意味と同時に、「一家の主人である女性。女主人」の意味を有しており(10)、現代では「女将《おかみ》さん」と言われるような女性たち――相撲部屋や旅館、商家、伝統芸能の世界等々で活躍する女主人たち――からイメージされるような、さまざまなことを差配し、円滑に家庭や仕事がまわるように気配りをするという、なくてはならない大切な役割を担ってきたのが主婦なのである(11)。

そして、女主人としての主婦は、当然のことながら、一家にひとりだけである。きんの夫が寺内家の主人だった時代には、きんが寺内家の「主婦」で「おかみさん」だったのが、貫太郎が主人になったのにともない、その妻である里子が「主婦」そして「おかみさん」になり、きんはご隠居という立場になった。それは「主婦」のたいへんな仕事や重圧からの解放ではあるが、と同時に、「主婦権」を手放すということでもある。みんなに「おかみさん」と頼られることもなくなり、家の中での活躍の場も失われる。「里子さん、おかみさんて言われているうちが『花』さ」とつぶやく「ちょっぴりさびしいきんのあくび」は、〈寺内家のおかみさん〉という役まわりが、けっしてつらいだけのものではないことを物語っている。

さて、この一連のドタバタのあと、寺内家では、みんなが里子を頼るのがいけない、「自分のことは自分でしましょう」という標語を掲げていこうということになる。しかしいざやってみると、その夜から早速、貫太郎は風呂から出ても自分では満足に髪を拭くこともできない、水を飲むにもコップが見つからずどんぶりで飲む、というありさまである。あげくは、家計簿をつけている里子の横で、片一方見つからない足袋を探してコタツ布団をめくってバタバタし、里子に「お父さんにウロウロされると、こっちは何も出来ないんですよ」と言われ、結局は里子が貫太郎の股引《ももひき》のひざの下に、コブのように丸まって入っている足袋を発見するのである。さらにそのとき「里子さん、助けて下さいよオ！」ときんの叫び声が聞こえ、里子たちがかけつけると、部屋中に野菜や果物が飛び散っており、きんは古い型のミキサーで「美容ジュースを作ろうと思った」と言う。「一言おっしゃってくれりゃいいじゃありませんか」と言う里子に、きんは「自分のことは自分でしろっていうから……」と言うが、「いいですよ、言って下さいよ」という里子の言葉に、結局寺内家はもとのとおり、みんなが里子に頼る家に落ちつくのである。
そしてその一日の最後、昼間の大立ちまわりで壊れたひな人形をしまいながら、里子と娘の静江はこんな会話を交わす。

静江「うちのお父さんね、お母さん死んじゃったら、人、ぶたないわよ」
里子「……そうかしら」
静江「お母さんがいるから、安心して人のことぶってるのよ」
里子「そうかも知れないわね」
……女二人、母として、娘としてのしあわせをかみしめながら、ひな人形をしまっている。
（「寺内貫太郎一家」第八話）

わがまま勝手にふるまっているように見える貫太郎だが、子どもがうしろに母親の姿を確認することで安心するように、里子がいるからこそ安心して立ちまわることができるのであり、まさに里子は貫太郎という孫悟空の阿弥陀如来であり、調教師なのである。そしてタメが言っていたように、「おかみさんが陰になり、日向になってかばってくれるからこそ」、つまり里子という阿弥陀如来・調教師がいるからこそ、石貫は「もってる」のである。

家族や家業といった、ひとびとが生きていく場、つまり日常を護っているのは、女という阿弥陀如来であり、言いかえれば、女たちは日常の護神ということになるだろう。そんな自分のありかたを確認した里子は、このたいへんな一日の最後に、「しあわせをかみしめ」るのである。

向田は、このような里子のありかたを思い起こさせる、「日本の女」と題したエッセイを書いている。

女性ばかりの外人団体客と、ホテルの食堂で一緒になったことがある。……

私が一番びっくりしたのは、彼女たちが卵料理を注文したときであった。ボーイが注文伝票を持ち、ひとりひとり聞いて歩く。満艦飾《まんかんしょく》のかたがたは、ボーイの目をひたと見つめ、はっきりした語調で、

「ポーチド・エッグ」

「プレーン・オムレツ」

「わたしはボイルド・エッグ。一分半でお願い」

茹で卵の人は時間まではっきり指定する。隣の人と同じでいいわ、などという人は、ひとりもいないように見えた。大したもんだなあ、これが外国式というのか、と、当時、まだ海外旅行の経験がなかったことも手伝って、私は感心して眺めていた。だが、それぞれ注文した卵料理が出来て来たとき、私はもっと感心した。

「これは私の注文したものではない」といって、二人の老婦人が、差し出された皿をボーイに突っ返したからである。……

私は同じ年格好の母や、生きていた頃の祖母のことを考えてみた。昔の物固いうちの女たちは滅多に外食ということをしなかったが、それでも年に何度かは、家族揃ってそば屋、鰻屋ののれんをくぐることがあった。母や祖母は、こういう場合大がい注文をひとつのものにまとめるようにしていた。

「お祖母《ばあ》ちゃん、親子（ドンブリ）ですか。それじゃあたしもそうしましょ」

母は子供たちを見廻して、

「お前たちも親子でいいね」

一応聞いてはくれるが、その声音はそうしなさい、と言っていた。店のひとに忙しい思いをさせてはいけないというものと、子供たちに高いものを注文されまいというものがあったような気がする。

覚えているのは、鰻丼を頼んだのに鰻重が来てしまったときであった。母と祖母は一瞬、実に当惑したような顔をしたが、目くばせしあって、そのままテーブルに並べさせた。

「いいことにしましょうよ、お祖母ちゃん」

母が言うと、祖母も、

「その分、あとでうめりゃ、いいわ」と忍び笑いをして、「騒ぐとみっともないからね」とつけ加えた。


数えるほどだが外国を廻ってみて、西欧の女たちが、料理の注文ひとつにも、実にはっきりと自己主張するのを、目のあたりに見て来た。正しいことだし、立派な態度だといつも感心する。見習わなくてはいけないと感心しながら、私はなかなか出来ないでいる。

たかがひとかたけの食事ぐらい、固い茹で卵を食べようが、オムレツを食べようが、おなかに入ってしまえば同じ卵じゃないか、というところがある。注文を間違ってもらったおかげで、私はモロッコで食べたこともない不思議な葱のようなサラダを食べることも出来た。

ひと様の前で「みっともない」というのは、たしかに見栄《みえ》でもあるが含羞《がんしゅう》でもある。恥じらい、つつしみ、他人への思いやり。いや、それだけではないもっとなにかが、こういう行動のかげにかくれているような気がしてならない。

人前で物を食べることのはずかしさ。うちで食べればもっと安く済むのに、といううしろめたさ。ひいては女に生れたことの決まりの悪さ。ほんの一滴二滴だがこういう小さなものがまじっているような気がする。もっと気張って言えば生きることの畏《おそ》れ、というか。

ウーマン・リブの方たちから見れば、風上にも置けないとお叱りを受けそうだが、私は日本の女のこういうところが嫌いではない。生きる権利や主張は、こういう上に花が咲くといいなあと、私は考えることがある。

（「日本の女」[12]）

外国の女性たちと比べると、自分の希望や意見を通そうとはしない日本の女たちは、我慢をし、自由がないようにも思える。しかし向田は、それだけではない、「恥じらい、つつしみ、他人への思いやり。いや、それだけではないもっとなにかが、こういう行動のかげにかくれているような気がしてならない」と言う。

店のひとたちのたいへんさにも配慮しながら、家計も考える。鰻丼と鰻重の差額は気になるが、「その分、あとでうめりゃ、いい」――それぐらいは家計を預かる自分たちの力量をもってすれば、どうにでもなるし、それよりは「騒ぐとみっともない」とまわりに気を配ることのほうが大切で、自分たちはこんなことで動じないくらいの心の余裕は持っている――。向田は母や祖母の姿に、自分自身のありかたに対するそういった矜持・自負・プライドといったものを見てとっていたのである。

そして、このような矜持は、「お母さんがいるから、安心して人のことぶってるのよ」と言われたときに、「そうかも知れないわね」と答えた里子の矜持でもあった。その里子を、向田が「やさしくて、よく気がついて、それでいてシンの強い、昔、沢山いた日本の女」と書いたように、それは、「昔、沢山いた日本の女」たちが持っていた矜恃でもあったのである。

与えられた条件をおもしろがる

そうはいっても、里子や向田の母・祖母といった日本の女たちには自由がないし、思いどおりに生きることもできず、やはり不幸だったのではないか——。そんな疑いに、向田が自分の両親のことを書いた次のエッセイは、違う視点を与えてくれる。


父は賭けごとが嫌いでなかった。

だが母は、一切勝負ごとをしなかった。

「私は判らないから」

と言ってはじめから手をふれようとしなかった。主婦が麻雀を覚えると、うちの用が滞ると思ったのかも知れない。

だがもうひとつ、母は賭けごとをしなくてもよかったのではないかと思う。麻雀やトランプをしなくても、母にとっては、毎日が小さな博打《ばくち》だったのではないか。


見合い結婚。

海のものとも山のものとも判らない男と一緒に暮らす。その男の子供を生む。その男の母親に仕え、その人の死に水をとる。どれを取っても、大博打である。今は五分五分かも知れないが、昔の女は肩をならべる男次第で、女の一生が定まってしまった。

まして、その子供を生むとなると、まさに丁半である。男か女か。出来は、いいのか悪いのか。

「よろしゅうござんすか。よろしゅうござんすね」

ツボ振りは左右をねめ廻して声をかけるが、女は自分のおなかがサイコロでありツボである。

まして、この勝負、イカサマは出来ないのだ。

（「丁半」[13]）

見合い結婚でどんな男と結婚するかもわからない、舅や姑との折り合いはどうか、どんな子どもができるか――、そんな一昔前の女性たちの人生は、まさに丁半博打である。サイコロの目次第の人生に、彼女たちの希望や思いなどが入りこむ余地はほとんどなかっただろう。しかしだからこそ、そこには賭けごとのような真剣さがあり、おもしろさがあるのである。

結婚相手は大したことなかったけれど子どもは想像以上に立派に育ってくれた、嫁ぎ先のお隣さんがとても親切なひとだった……。先に見た「日本の女」で、向田自身、モロッコで注文を間違えられたおかげで、食べたこともない不思議な葱のようなサラダを食べられたことをおもしろがっているように、不如意さはそれをどう見るかによって、幸と不幸がいとも簡単に逆転してしまうこともある。そして向田の描く女たちには、そういう不如意の人生を引き受けながら、むしろ積極的におもしろがっているところがある。

向田に、女性たちがパックをするときの心理を書いた次のようなエッセイがある。

パックは、催眠術と同じだといったひともいる。……

「あら、どうしたの？　今日はひどく肌がしっとりしてるわね」

「ううん、別に」

「何かいいことあったんじゃないの」

などという明日の会話を心の中で自作自演しながら、自分で自分に催眠術をかける。

つまり自己暗示をかけているのである。

この自己暗示というのは、女を美しくする最高の化粧品である。……豚もおだてりゃ木に登る——あ、これは少々適切でないかも知れないが、自分で自分をおだて、肌をおだて、その気にさせれば、いつかはカトリーヌ・ドヌーブの白いなめらかな肌も自分のものになるかも知れないのだ。

パックの魔力は、肌だけでなく、顔立ち、目鼻立ちまで美しくなりそうな、大きくいえば、女に生きる夢を与えてくれるところにある。

パックをしている時だけは、女は鏡を見ない。その代りに、心の目を開き、わが心の中のうぬぼれ鏡を見ているのである。

肌をパックしているようだが、あれは精神を、女心をパックしているのだ。

美しくなるために、坐禅を組んでいるのである。

奇跡を信じて、ミサを行っているのだ。

一度もパックをしない女、しようとも思わない女、顔にレモンやきゅうりの切れっぱしをのせる女をあざ笑ったりする女は、女ではないのだ。

時間がきて、パック剤をはがし、或いは洗い流して鏡を見る。

明らかに肌はしっとりしている。

そう思える。

これが一番大事なのだ。自分の気持をだまし、自分にも判らないように嘘をついて、それを信じて、楽しく生きてゆく。

これがあるからこそ、どんな女も可愛らしく、そして美しく、男と一緒に生きてゆけるのだろう。

（「パックの心理学」[14]）

パックをしたからといって、まわりのひとが肌の変化に気づくことはまずない。ましてや持って生まれた顔かたちまで変わるはずはない。なにをしたって、低い鼻、小さな目、浅黒い肌……は変わりようがないのである。しかし、その時間、肌をパックしているようでいて、実は「精神を、女心をパックしている」女たちは、パックを洗い流したときに「明らかに肌はしっとりしている」と確信するだけでなく、へたをするとカトリーヌ・ドヌーブになったかのような気分になっている。そしてそんな「わが心の中のうぬぼれ鏡」に映った自分の姿を胸に、美しいヒロインに生まれ変わった気分で、女たちはまた日々を生きていくのである。

それはまさに催眠術であり、自己暗示なのだろう。自分の顔は残念なところばかりだし、スタイルだってけっしてよいとは言えない。自分だけではなく、その横に立つ夫や子どもだってパッとしない。しかし、「女心をパック」することで、女たちは、私もイケてるわ、日々の生活も結構楽しいわ、旦那もまあ悪くはないわ、と「自分の気持をだまし、自分にも判らないように嘘をついて、それを信じて、楽しく生きてゆく」ことができるのである。そんな女たちに、「あなたはきれいでもないし、旦那には虐げられているし、不幸な生活だし……」などと〝真実〟を言うのは、余計なお世話というものだろう。

ひとはみな、生まれや容姿や能力といった、自分ではいかんともしがたいさまざまな条件を背負っている。それらの中には努力次第で克服したり他のことでカバーしたりすることが可能なものもあれば、そうでないものもある。ならば、その与えられた条件に不平不満を言うばかりではなく、いかんともしがたい条件も含めて、自分の人生をいかにおもしろがっていけるかが、人生を豊かに生きるためのひとつの鍵になってくる。「女心をパック」するのは、女たちが「可愛らしく、そして美しく、男と一緒に生きてゆ」くための、つまり自分の人生を豊かに送るための、生きる智恵なのである。

「度しがたい女の業《ごう》」

向田が女たちの「パックの心理学」を書いた背景には、新入社員当時の、自身のこんな経験もあったのだろう。

私は四月に入社して、六月の月給全額四千五百円はたいて、アメリカのジャンセンのエラスティックの競技用水着を銀座で買いました。毎日それを見てたんですよ。飲まず食わずですよね、本当に何にも使わないで。それで泳ぎに行ったんです。もうその嬉しさね。……その時、私、逗子で泳いだんですけれども、周りの人なんか何にも目に入らないですね。海の水まで違って見えるんですよ。そのアメリカのエラスティックの水着を着ているのは私一人だという感じでね。何とも言えなかったですね。泣きたいように素敵でしたね。

（『お茶をどうぞ――対談　向田邦子と16人』）

頑張って買った水着を着ることでひとり沸き立っていた若き日の向田の気持ちは、パックをすることで楽しく生きていく女たちの気持ちと同じ種類のものであろう。向田自身、女たちのこういう楽しみを、実体験としてよく知っているのである。

しかし、次のエッセイでは、向田は自分も含めたそのような女たちの楽しみに、〝待った〟をかけている。

生れて初めて喪服を作った。

……鏡の前で試着して出来ばえに気をよくしながら、私はドキンとした。

長靴を買って貰った子どもが雨の日を待つように、私も気持のどこかで、早くこの喪服を着てみたいとウズウズしているのである。……

長靴や引出物ならまだいいが、喪服ともなると問題である。早く着たいということは、知り合いの不幸を待つのと同じではないか。そんなにまで新調の衣裳を着たいのか、人に見せびらかしたいのか。女とは何と度しがたい業《ごう》を持っているのだろうと思った。

そういえば、葬儀の時に、小さなことだが気持にひっかかることがある。

遺族の、それも、亡くなった人に近い女性がいま美容院から帰りましたという風に、髪をセットして居並んでいると、焼香をしながら、胸の隅に冷えるものがある。

死を嘆き悲しむ気持と、美容院の鏡の前でピン・カールをしたりドライヤーに入ったりする動作と時間は、私の中でどうしてもひとつに融け合わないのである。

だが、人のことはいえない。

私は、新内を聴く小さな集まりにこの服を着て顔を出し、自分の気持にケリをつけた。初秋にしては肌寒い雨の晩で、横なぐりに降る雨が新調の喪服を濡らした。

（「隣りの神様」[15]）

喪服は、当然ながら普段は着られないものである。しかし「黒一色に白い衿《えり》白い紋白い足袋。うつむいた衿足や手首の数珠や涙まで計算に入っている。女を色っぽく見せる点では、花嫁衣裳より上だろう」（「男性鑑賞法－7」[16]）という喪服の魅力に、向田自身「早くこの喪服を着てみたいとウズウズ」する。だがその瞬間、それは、「新調の衣裳を着たい」、普段とは違った美しい自分の姿を「人に見せびらかしたい」がために「知り合いの不幸を待つのと同じではないか」、そしてそれは、葬儀の席できれいに髪をセットして涙を流している遺族の女性と同じ、女の「度しがたい業《ごう》」が自分の中にもあるということではないか、と、向田は愕然とするのである。ひとの死でさえも自分の楽しみに変えてしまう、自分も含めた女たちの「度しがたい業」――。

向田はこんなことも言っている。

人殺しやガス爆発がある。

テレビの画面に近所の人がうつって、その時の模様をしゃべっているのを見ることがあるが、三人に一人は笑いながらしゃべっている。

特に女は、二人に一人は、はしゃいでしまう。

「いやだわ。こんな格好しているのに」

という風に、はにかみ、クリップをつけたままの頭を押え、様子を作り、クックッと嬉しそうに笑いながら、隣の部屋で起きた残酷な事件を、しゃべった主婦もいた。

それでなくても、事件に隣り合せてしまい、気も動転している上に、常日頃ご縁がないと思っているテレビ・カメラに映されるのだから、まるで「欽ドン」に出演するような気になるのかも知れない。

（「笑う兵隊」[17]）

すぐ近所でたいへんなことが起こっているのに、女ははしゃいでしまう。無邪気と言えば無邪気だが、知ったひとの不幸さえも自分の楽しみに変えてしまっているのである。そんな女の「度しがたい業」を男の視点から書いたのが、小説「かわうそ」である。

主人公・宅次は定年まであと三年というサラリーマンだが、脳卒中を起こし、休職している。九歳下の妻・厚子は、子どもがいないこともあってか、「年に似合わぬいたずらっぽいしぐさをすることがある」いきいきとした女である。

そんな厚子が、ある日、高校時代の恩師が勲章をもらったお祝いをするので幹事でデパートへ下見に行くと言って、よそゆきの着物を着て準備をしているのだが、「相手によって衿元が二段階に分かれていることに、宅次は前から気がついていた」。

宅次や親戚の女たちと出かけるときは、格別胸元を取りつくろうことをしないが、よく見られたいときは、胸をぐっと押上げるような着付けをする。

細い夏蜜柑の木に、よく生《な》ったものだと思うほど重たそうな夏蜜柑が実っているのがある。結婚した当座の厚子はそんな風だった。さすがに四十を越して夏蜜柑も幾分小さめになったようだが、ここ一番というときになると、厚子は上に持ち上げて、昔の夏蜜柑にするのである。（「かわうそ」(18)）

胸元を「昔の夏蜜柑」にした厚子を見て、宅次は「これから逢う相手は女ではないような気もするが、この病気の特徴は、ひがみっぽくなることだと書いてあった。気持を鎮めなくてはいけない」と自分に言い聞かせるが、「厚子のおろしたての白足袋が、弾むように縁側を小走りにゆくのを見ると、気がつかないうちに、おい、と呼びとめていた」。

「なんじゃ」

わざと時代劇のことば使いで、ひょいとおどけて振り向いた厚子を見て、宅次は、あ、と声を立てそうになった。

なにかに似ていると思ったのは、かわうそだった。

デパートの屋上でかわうそを見たのは、何年前のことだったか。……どちらが牡《おす》でどちらが牝《めす》かわからなかったが、二頭ともじっとしているということがなかった。……ポカンとしている癖に、左右に離れた黒い小さな目は、油断なく動いているらしく、硬貨をじゃらつかせて餌の泥鰌《どじょう》入れに近寄る気配を見せると、二頭は先を争って、泥鰌の落ちてくる筒の下で、人間の手のような前肢《まえあし》をすり合せ、キイキイとにぎやかに騒ぎ立て催促する。

厚かましいが憎めない。ずるそうだが目の放せない愛嬌があった。

ひとりでに体がはしゃいでしまい、生きて動いていることが面白くて嬉しくてたまらないというところは、厚子と同じだ。

一軒おいて隣りから、火が出たことがある。

幸い大事には到らなかったが、

「火事ですよお。火事ですよお」

寝巻で空《から》のバケツを叩き、隣り近所を起して廻っていた厚子は、そばで見ていて気がひけるほど楽しそうに見えた。

宅次の父の葬式のときもそうだった。

厚子は新調の喪服を着て、涙をこぼすというかたちではしゃいでいた。ほうっておくと、泣きながら、笑い出しそうな気がして、宅次は、

「おだつな」

とたしなめるところだった。

おだつ、というのは、宅次の田舎の仙台あたりで使うことばで、調子づく、といった意味である。（同）

なにかあると「ひとりでに体がはしゃいでしま」う厚子は、かわうそ同様、「厚かましいが憎めない。ずるそうだが目の放せない愛嬌があ」る。そんな厚子のことを、宅次は「気ぜわしいと思うこともないではないが、やはり、このうちにかわうそは一頭いたほうがいい」と思っていた。宅次は植木道楽の父親が残した二百坪の庭を眺めるのが好きだったが、「ひとりで眺める庭は慰めにならなかった。……うしろに厚子がいてなんやかやと半畳を入れながら眺めるから、よかったのである」。

厚子が出かけ、そんなことを宅次が考えているそのとき、宅次の大学時代の友人・今里が電話をかけてきて、「お前、それだけは嫌だって言っていたのに、本当にいいのか」というようなことを言う。なんのことだかわからずにいると、今里は「お前、知らないの

か」と次のように話し出した。

厚子の発案で、宅次の今後のことを相談する集りにこれから出かけるところだという。メンバーは、次長の坪井、マキノ不動産と近所の銀行の支店長代理、主治医の竹沢、それに今里だという。

厚子は庭をつぶしてマンションを建て、借入れした銀行に管理してもらって、若手行員たちの社宅にしたいと考えているらしい。

宅次は、頭のなかが、ふくれ上ってゆくのが判った。五人の男たちに囲まれている厚子が見えて来た。

高く盛り上げた夏蜜柑の胸を突き出し、黒光りする目を躍らせて、健気《けなげ》な妻の役を生き生きと演じているに違いない。（同）

厚子はいわば病気の宅次をダシに男たちを呼び出して、「健気な妻の役を生き生きと演じ」、はしゃいでいるのである。そんな妻の様子を思い浮かべ、「それにしても五人は多過ぎる。次長の坪井が何の役に立つというのだ」とギリギリときている宅次の脳裏に、「学生時代に見た一枚の絵が不意に浮かんで来た」。

かなり大きい油絵で、画面いっぱいに旧式の牛乳瓶、花、茶碗、ミルクポット、食べかけの果物、パンの切れっぱし、首をしめられてぐったりした鳥が、卓上せましとならんでいた。

題は「獺祭図《だっさいず》」である。

宅次は、この字が読めず意味も判らなかった。

うちに帰り辞書をひいて、やっとわかったのだが、これはかわうそのお祭りだという。

かわうそは、いたずら好きである。食べるためでなく、ただ獲物をとる面白さだけで沢山の魚を殺すことがある。

殺した魚をならべて、たのしむ習性があるというので、数多くのものをならべて見せることを獺祭図というらしい。

火事も葬式も、夫の病気も、厚子にとっては、体のはしゃぐお祭りなのである。

（同）

「火事も葬式も、夫の病気も」、厚子はすべて「体のはしゃぐお祭り」に変え、楽しんでしまう。呼び出した五人の男たちが役に立つかどうかは、厚子にとっては問題ではない。

男たちは、それを並べて満足し、楽しむための「獲物」なのである。

そして宅次はその絵に描かれた「死んでいる鳥」から、三歳で死んだひとり娘の星江のことを思い出す。


朝、出がけに、宅次は星江のおでこに自分の額をくっつけ、熱があるぞ、竹沢先生に往診を頼めよ、と声をかけて出張に出かけた。

三日後、出張先に電話がかかり、急性肺炎で危篤だという。仕事もそこそこに帰京した時、星江の顔には白い布がかかっていた。

厚子は、あの日竹沢医院に電話をしたが、取次の手違いで往診が次の日になったと泣いていた。竹沢医師も、新入りの見習い看護婦の手落ちということで、宅次に頭を下げた。……

死児の齢《よわい》をかぞえながら、忘れるともなく忘れていた頃、宅次は駅で、結婚のため田舎へ帰るその看護婦に逢った。

ためらいながら、宅次の横に立ち、

「黙って帰るつもりだったんですけど」

口ごもるオールドミス、といった感じの女を、はじめは誰か判らなかった。

「あの日、電話はなかったんですよ」
厚子が往診をたのんだのは次の日だったという。前の日、厚子はクラス会だった。
（同）

厚子は宅次が出張に出かけたその日、往診を頼まなかった。むろん、厚子も星江がかわいくなかったわけではない。ただ、クラス会という「体のはしゃぐお祭り」を諦めるという選択肢は、厚子にはなかったのである。

この話はこのあと、宅次が帰宅した厚子の前に庖丁を握って立つが、厚子に「凄いじゃないの」、「庖丁持てるようになったのねえ。もう一息だわ」と屈託なく言われ、「メロン、食べようと思ってさ」と返事をして庖丁を置いたあと、「写真機のシャッターがおりるように、庭が急に闇になった」と、ふたたび脳卒中の発作を起こしたことが暗示されて終わる。

宅次もかわうその「獲物」となって、机に並べられるのである。

女という「阿修羅」

幼いひとり娘より「体のはしゃぐお祭り」を優先させ、夫の病気も「体のはしゃぐお祭り」に変え、そして自分の獲物を並べて楽しむ厚子は、しかし、特別な〈悪女〉ではない。

この話を読んだ作家の田辺聖子は、向田に「あれ、私にそっくりですす」と言ったところ、「いや、あれはあたしです」と返され、「ちゃう、あれは絶対、私やと思うわ」、「あたし自身なんです」と言い合ったという。(19) ひとの不幸さえ「体のはしゃぐお祭り」にしてしまう厚子は、喪服姿を早くひとに見せたいと思う向田自身であり、葬儀の席できれいに髪をセットして涙を流す女であり、人殺しやガス爆発を笑いながら話す女であり、そして田辺を含め、この話を読んではっとする女たちである。女は誰しも、厚子と同じ「度しがたい業《ごう》」を持っている。その業は普段は内に秘められているが、なにかのきっかけで女たちの体をはしゃがせ、顕在化するのである。

向田に「春が来た」という小説がある。

二十七歳の会社員・直子の父・周次は、以前は広告会社に勤めていたが失業し、小さな印刷屋の下請けをしている。母親の須江は化粧っ気もなくなり、家のことにもかまわなくなって、高校生の妹・順子もかわいげがなく、家全体が辛気くさい。直子は取引先の風見という男性と二人でお茶を飲む仲になり、家のことを上げ底気味に話していたが、ひょんなことから風見が家に来てしまい、見栄をはっていたことがばれる。しかしなぜか風見は直子の家を気に入り、頻繁に出入りするようになるのだが、すると母・須江は言葉遣いや仕草も上品に、着るものもきれいになり、家の中のいろいろなところにも気が配られるようになって、直子は「娘が恥を掻かないように、せいいっぱい努力してくれているのだ」と心の中で感謝する。

そんなある日、父・周次と外で飲んできた風見のズボンに周次の吐瀉物がついており、それに気づいた須江は「申しわけありません。ちょっと浴衣、羽織ってて下さいな。すぐ始末しますから。直子、風見さんに浴衣！」と、張り切って動き出すのだが、そのとき、「主役は須江だった」と向田は書く。須江は、直子の母親として気を遣っていたのではなく、風見という直子の恋人を、自分自身の楽しみに変えてしまっていたのであり、そんな須江の姿に、直子は、「自分の持ち分を齧《かじ》り取られた気分」になる。

そして、直子と風見、須江と順子の四人で夏祭りに出かけたとき、事件が起きる。「四人が固まって人の波に押されながら歩いていたとき、いきなり須江が金切り声を上げた。娘のように華やいだ声だった」。

「あたしのこと、幾つだと思ったのかしら。五十三ですよ、五十三」

須江は痴漢にあったのだ。

「さわり方は図々しかったけど、痴漢としちゃ素人だわねえ。夜道一人で歩いてたわけじゃないのよ。そばにこんな若い娘二人もいるってのに、なにも選《よ》りに選って、五十三のお尻なでることないじゃないの」

くくくと鳩が鳴くような声で笑って、

「女を見る目がないわよ」

を繰り返した。風見も直子と順子もおつき合いに少し笑ってみせた。

須江の上気した頬には、化粧のあとがあった。蒸れて匂い立った香料の匂いは、直子の化粧台から失敬したものではなかった。須江は、自分で化粧品を買っていたのだ。何年ぶりのことだろう。

お揃いの絞りの浴衣の衣紋《えもん》を抜き加減に着て、風見にビールをつぎ、直子や順子にもついでくれた。また、くくくと笑った。

「いくらお祭りだって、娘の手前、きまりが悪いわよ。ほんと、人のこと、幾つだと思ってるのかしら。五十三よ、五十三」

「何べん同じこと言ってるんだ！」

どなったのは、周次である。

縁側で碁石をならべていたのが、突然びっくりするような大声で叱りつけた。

「いい加減にしないか」

周次のこめかみには青筋が浮き、碁石を持つ手が震えていた。（「春が来た」(20)）

痴漢にあうというのは、性的な事件であるがゆえに、多くの場合、隠され、人前で話されることは少ない。さらに、結婚し、子どももいて、ある程度の年齢になっている女性はセクシュアルなことからは一線を置くもの、という一般的了解もあるから、須江が痴漢にあったというのは、普通であれば、できるだけ話題にせず、秘匿されるべきことだろう。

しかし、須江にとっては、若い娘がそばに二人もいるのに痴漢が自分を触ったというのは、自分には性的な魅力がひと並以上にあると証明してくれるような出来事であり、その嬉しさに「ひとりでに体がはしゃいでしまい」、「五十三よ、五十三」と、何度も繰り返すのである。普通なら隠すべき事件も「体のはしゃぐお祭り」に変えてしまう須江に、風見や娘たちは困って、「おつき合いに少し笑ってみせ」るしかない。周次が失業して以降、すべてを諦めたように、家の中のことにも、自分のことにも無頓着になり、もうとっくになくなっているように見えていた女の「度しがたい業」は、須江の中にたしかに息づいていたのであり、痴漢にあったときの「娘のように華やいだ声」は、それが完全に目を覚ました声なのである。

一九七七（昭和五十二）年に放映された単発ドラマ「花嫁」（ＴＢＳ）では、夫の七回忌を終えた六十二歳のちよに、長女の節子を通して、知り合いの会社社長・黒崎が結婚を申し込んでくる。四十三歳の長男を筆頭に、四人の子どもたちの前で縁談を持ちこまれたちよは、「惚れたハレタの年じゃないよ」、「黒崎さんて人も、物好きねえ。こんなおばあさんのどこがいいんだろ」などと言って、縁談の書類を未練がましく見ている節子に、

ちよ「しまっとくれ。お父さんがやきもちやくといけないから。ああ、やだやだ。こんどから女廃業って札下げて歩こ」

といいながら、ふっと女っぽい恥じらいがこぼれる。（「花嫁」[21]）

子どもたちの手前、自分の「女」としての面を見せまいとする言葉とは裏腹に、ちよの体は正直にはしゃぎ、「ふっと女っぽい恥じらいがこぼれる」。意識の上では〝はしゃいではいけない〟と思っても、なにかきっかけがあると「ひとりでに体がはしゃいでしまい」、隠そうとしても外にこぼれ出てしまうという「度しがたい業」を、女は誰しも、いくつに

なっても、持っている。このあと、次女・巴が勤める病院に健康診断で訪れたちよを見て、巴の同僚の男が「――なんか――キレイだねえ」とつぶやくように、女の体が、娘時代の華やかさを忘れることはないのである。

「寺内貫太郎一家」の里子も、普段は貫太郎に、家族に尽くす〈良き妻〉〈良き母〉だが、第六話では、おなかをこわしたきんの往診に、いつもの年寄りの医師ではなく、若くてハンサムな「若先生」が来ると、里子も含めた家の女たち全員が浮き足立ち、見送ったあとも里子と静江は、〈里子〉「いい感じねえ」、〈静江〉「お母さんも血圧、測ってもらえばよかったのよ」、〈里子〉「ほんと。ソンしちゃった」とはしゃぎ、きんも鏡の前で口紅を塗ったり、上機嫌で歌ったりしている。そんな里子たちの姿を見て、貫太郎は「年考えろ！トシを！　あんな若造に、デレデレしやがって」と怒るが（「寺内貫太郎一家」第六話(22)）、〈良き妻〉〈良き母〉の里子も内にはつねに「業《ごう》」を秘めているのである(23)。

そして、女たちの「度しがたい業」は、その〝度しがたさ〟ゆえに、とてつもなくおそろしいことを引き起こす可能性を孕んでいる。「かわうそ」の厚子の「業」は、子どもの命、そして夫の命まで犠牲にする。里子がもし本気で「若先生」にのめりこめば、寺内家も石貫も、そして家族や職人たちの人生もめちゃくちゃになるだろう。主婦は、一家を支え場を支える日常の護神でありながら、また、そうであるがゆえにこそ、その内に秘められた「度しがたい業」が目を覚ますと、日常をいとも簡単に壊す、〈破壊の神〉になるのである。

向田の代表作のひとつ、「阿修羅のごとく」は四人姉妹を主人公にした物語だが、そのパートI（NHK、一九七九年）の最後、姉妹の母の葬儀の帰り道、女たちのうしろを歩きながら、次女・巻子の夫・鷹男が、三女と四女の恋人、勝又と陣内に、こう語りかける。

鷹男「女は阿修羅だよ」
勝又「アシュラってなんですか」
鷹男「アシュラってのは、インドの民間信仰上の神様でさ、外っ側は、仁義礼智信を標榜してるんだが――気が強くて、ひとの悪口言うのが好きでさ、怒りや争いのシンボルだそうだ」
勝又「闘いの神様ってわけですか」
陣内「アシュラか――」
鷹男「勝目はないよ。男は」
うしろをふり向く四人。
四人「何か言った」

三人「何もいわない」

鷹男「（二人に）気をつけような」

（「阿修羅のごとく」[24]）

表面上は「仁義礼智信を標榜し」、普段は家庭や場の秩序を護っている女たちは、心の内では「気が強くて、ひとの悪口言うのが好き」な阿修羅である。普段隠されている女たちの内面が顔を出し、「闘いの神様」――〈破壊の神〉が目を覚ましたら最後、もう男たちに「勝目はない」。そのおそろしさに男たちもどこかで気づいているからこそ、その「度しがたい業《ごう》」をなんとか押さえこもうと、周次（「春が来た」）も貫太郎も、はしゃぐ妻を怒鳴りつけるのである。

「秘すれば花」

しかし、そんな〈破壊の神〉としての女たちをおそれているのは、男たちばかりではない。「花嫁」のちよが、縁談を申し込まれた嬉しさを一生懸命隠していたように、女たちは自分の中に「度しがたい業」があることに気づいていて、それが普段はひとには見えないように努めている。

能の有名な演目「黒塚《くろづか》（安達原《あだちがはら》）」では、山伏が安達原で宿を借りると、主の女はこのうえなく親切にもてなしてくれたが、山伏が女との約束を破って女の閨《ねや》をのぞくと、そこには数え切れないほどの死骸が重ねられており、山伏たちは女が鬼であったことに気づいて、あわてて逃げ出す。鬼女は「あれほどまでに私が隠した閨の内をあらわにした恨みを申すため（「さしも隠しし閨の内を、あさまになされ参らせし、恨み申しに」）」に追いかけてくるが、山伏たちに祈り伏せられ消え失せる。

最後消えていくとき、鬼女は、「安達原の黒塚に隠れ住んだのもあらわになってしまった。あさましいこと、恥ずかしい我が姿よ（「安達が原の、黒塚に隠れ住みしも、あさまになりぬあさましや、恥《はづ》かしのわが姿や」）(25)」という言葉を残していくのだが、ここには、なんとかして「鬼」としての面を隠し、このうえなく親切な女として生きようとしながら、それを暴いてしまった男に対する怒りと、また暴かれてしまった女の悲しみがあふれている。「かわうそ」の厚子の「度しがたい業《ごう》」が娘や夫の命を奪うように、女は誰しも、ひとをも殺す鬼の面を持っている。先に見たエッセイ「日本の女」の中には、こんな表現があった。

人前で物を食べることのはずかしさ。うちで食べればもっと安く済むのに、といううしろめたさ。ひいては女に生れたことの決まりの悪さ。ほんの一滴二滴だがこういう小さなものがまじっているような気がする。もっと気張って言えば生きることとの畏《おそ》れ、というか。

（「日本の女」）

「物を食べる」というのは、人間のもっとも動物的な面が顔を見せる瞬間である。「人前で物を食べる」のは、その意味で、女が普段隠している恥ずかしい面がばれてしまうかもしれない、女にとってこわい瞬間である。あるいは、外で食事をしてお金を使うというのは、主婦としての節度あるたしなみがない人間だと思われてしまうのではないか、という「うしろめたさ」を感じさせることでもある。〝立派な主婦〟〝親切な女〟という表の顔の奥に秘めた「鬼」の面――「度しがたい業」が顕在化してしまうのではないかと女たちがおそれる気持ちを、向田は、「女に生れたことの決まりの悪さ」、「生きることとの畏れ」と言うのである。

しかし、ときに、そうした「うしろめたさ」や「決まりの悪さ」「畏れ」を感じていないかのような女もいる。向田があるアーケード街を歩いていたとき、婦人用洗面所のドアが大きく開いており、その向こうで、背が低く足も短い、顔もあまり美しいとは言えない女がひとり、髪をとかしていたという。

髪は長くお尻のあたりまであった。量もたっぷりあり、手入れもいいのであろう、見事な艶《つや》をしている。女は両足を踏んばり、鏡から離れたところに立って、長い髪をおすべらかしのようにひろげ丁寧に梳《くしけず》っている。……

それはそのまま、ひとつのショーであった。この人は、髪の毛だけが生き甲斐なのであろう。一日のほとんどを、恐らくキッチリと縛って、白いスカーフか何かで包み隠していたであろう髪の毛を、仕事を終え洗面所の鏡の前で大きくひろげ誇らしげに梳ることで、他のひけ目を全部帳消しにすることができるのである。

あのドアは壊れてはいなかった。（「黒髪」(26)）

この女は、唯一の自慢の豊かな髪をひとに見てもらい、感心し、ほめそやしてもらいたいのである。トイレのドアが大きく開いていたのは、ここが彼女のステージだからである。向田の友人にも髪が自慢のひとがいて、「映画を語っても、天下国家を論じていても、この人がひとり加わるといつの間にか、話は髪のことになり最後は決ってこの人の髪の美しさを称《たた》えさせられることになっていた」。

こういう人と話をするのは正直言って気骨《きぼね》が折れる。

民謡で、歌い手の後に囃子方《はやし》がつくのがある。

「ソウダソウダマッタクダアヨ」

と繰り返すが、あれになったような気がする。囃し手のアップをテレビの画面で見たことがあるが割合に冷い顔をして、口先だけで歌っていた。……

「秘すれば花」ではないが、人に誇るただひとつのものがあるとしたら、それはおもてにあらわすより隠しておく方が幸せになるような気がして仕方ない。（「黒髪」）

顔やスタイルでほめられることが難しい女性にとって、髪をほめられるのは、自分が美女になったような気分になり、「体がはしゃぐ」瞬間である。そんな気分を味わいたいと思う女たちは、自分が主役になれるように、場を無理矢理もっていこうとする。彼女たちは、自分の「度しがたい業」にあまりに忠実であり、そして無神経なのである。

しかし、それはほんの一部の女の話であって、多くの女たちは自分の「度しがたい業」を敏感に察知し、用心し、それが暴れ出してあらゆるものを破壊しないようにと生きている。

ドラマ「あ・うん」「続　あ・うん」（ＮＨＫ、一九八〇・一九八一年）は、昭和十年ごろの東京を舞台に、つましい製薬会社のサラリーマン・水田仙吉とその妻・たみ、仙吉の親友で会社社長の門倉の三角関係を、年頃の娘・さと子の視点から描いた物語である。門倉はたみに思いを寄せ、たみも門倉のことをひそかにしたっており、仙吉もまわりもそのことに気づいているのだが、誰もそれを口に出さない。

あるとき、さと子が男と駆け落ちをしたのではないかと思った仙吉とたみが鬼怒川にさと子を探しに行き、それは勘違いだったとわかるのだが、せっかくだからと仙吉は門倉を鬼怒川に呼んで、たみと三人で一夜を過ごす。そのときの様子を向田は次のように描写する。


こたつに足を入れたまま、畳にのびている男二人。

ひとり起きて、指できびがら細工の弥次郎兵衛《やじろべえ》をもてあそんでいるたみ。

こたつの中に、三人の素足。

大の字になる幅のひろいズングリした仙吉の足。

ほっそりした、白いたみの足。

そして、たみの方を避け、反対側に寄っている門倉の足。

たみの足、門倉の方へ、さぐるように近づく。もうすこしというところでやめてもどす。

安らかな男たちの寝顔。

たみのもてあそぶ弥次郎兵衛。

（「あ・うん」(27)）


本当には、自分の足を門倉の足に重ねたい。でもそれをしたら最後、この弥次郎兵衛のように綱渡りで成り立っている今の日常が、すべて壊れる。それを知っているから、たみはぎりぎりのところで足を戻すのである。そんな三人の関係を、娘のさと子はこう見ている。


門倉のおじさんが一人加わると、いつもはくすんでいる柱が、つやがまして見えます。80ワットの電球も明るくなった気がします。父は男らしく、母は女らしく、生き生きとして見えます。わたしも、とても幸せな気分になります。

（「続　あ・うん」(28)）


女は「度しがたい業」を秘め、男たちもそれに気づき、そしてみながそれぞれの思いを内に抱えながら、日常を生きている。そういう秘した部分があるからこそ、男は男らしく、女は女らしく、そうやって人間は生き生きと生きているのだと、向田は言うのである。

向田はあるインタビューに答えて、こう言っている。

私は本当は事なかれ主義の人間で、〝きょうも一日何もありませんでした〟と日記に書くような一日が好きなんですね。

ですから、お祭りとか、クリスマスとか、お正月とか、嫌いなんです。……何にもない、普通の一日、が好きなんです。

ホームドラマも、別れたり、泣いたり、吠えたりしないで、朝何事もなく始まって、きょうは何もなかったという一日を、とてもやりたいんです、私個人は。それはいつも言い続けているんですけども、できないんですね。

最近の「あ・うん」というのは、ややそれに近かった。やっとできたわけです。(29)

普通のひとびとの日常で、〝ドラマ〟になるような事件が起こることはめったにない。しかし、そんな平穏な日常の裏で、ひとびとはいろいろな思いや業を抱え、秘めながら生きている。向田が普通のひとびとの何気ない日々の暮らしを書くことにこだわったのは、しかしそんな日常を護る女たちが、いつなんどき、それを壊す鬼――阿修羅――に変わるかもしれないというあやうさをはらんでいるからこそ、実はなにもなさそうに見える一日に、本当の意味での〝ドラマ〟があると感じていたからではないだろうか。

「馬鹿をよそおう利口な女」

「度しがたい業」を内に持った女という生きものは、男に比べ、とてつもなく性質《たち》が悪い——。自分の中にある女の「度しがたい業」に気づき、他の女たちの中にもそれがあることを見てきた向田は、それゆえに女を「信用してない」と言ったのだろう。しかし、女として生まれてしまったからには、その「度しがたい業」と折り合いをつけながら、うまく生きていかなければならない。

向田は、昔はローレン・バコールのような硬質な感じの女に憧れていたが、今はマリリン・モンローのようになりたい、「色気とかしなだれかかる柔らかさとか、ちょっといい加減さとか、本当はバコールよりもモンローのほうがりこうじゃないかと思うのよ」（『お茶をどうぞ——対談　向田邦子と16人』）と言う。向田がこう言う背景には、ケネディ大統領の誕生パーティーでモンローがお祝いの歌を歌った、あの有名なシーンの記憶がある。

民主党主催だったのだろうか、かなり大仰なお祭り騒ぎだったが、モンローは呼び出されて壇上にすすんだ。

胸を大きくあけたドレスで、いかにもきまり悪そうに、

「ハッピー・バースデイ・トゥ・ユー」

と歌い出した。

それは歌というより呟くというほうが正しかった。モンローの歌はお世辞にもうまいとはいえないが、その夜は、アガっていたのか、音程も頼りなく、いかにも危っかしく聞えた。

「大丈夫かな」

会場の人たち全部、恐らく男も女もそう思ったに違いない。子供の学芸会を見守る親の心境といったら近いだろうか。

モンローは、もう一度、頼りなく同じ歌詞を繰り返した。それから、すこし、声を張り、すこし感情をこめて、

「ハッピー・バースデイ・ミスター・プレジデント」とつづけ、

「ハッピー・バースデイ・トゥ・ユー」

最後は、情感をこめ、みごとに歌い上げたのである。息をつめて見守っていた会場の拍手は、大統領の演説より大きかった。

かげの演出者がいたとしたら、その人は天才だと思った。モンロー自身、少し足り

ない女というキャラクターを売り物にしていたが、なかなかどうして、切れる女《ひと》だと改めて、気がついた。

　そういえば私が編集の仕事をしていた間、かなり沢山のモンローのポートレートやスナップを見たが、利口そうな顔に撮《うつ》っているのは、一枚も見たことがなかった。これもかげの演出家がいて、イメージを損《そこな》うものは事前にチェックしたのかも知れないが、ともかく、モンローが死んだとき、馬鹿な女の時代、馬鹿をよそおう利口な女の時代は終ったなあという気がした。

（「マリリン・モンロー」(30)）


一見「馬鹿な女」のモンローは、実は「馬鹿をよそおう利口な女」「切れる女《ひと》」であった、と向田は言う。モンローは、自分がひとからどう見られているか、まわりはなにを期待しているか、自分がこうしたらまわりはどう思うか……、あらゆることを敏感にキャッチしながら「馬鹿な女」を演じ、会場中を自分から目が離せないような状態にさせ、ついには大統領の演説より大きい拍手を獲得する。そうして会場を沸かせて楽しませ、主役のケネディを引き立て、その場全体を見事にとりまわしながら、実は会場中を惹きつけて、女としての自分の「業《ごう》」も満足させているのだが、しかし「馬鹿な女」とみなに信じこませているから、そのことをひとに悟られない。そんな「馬鹿をよそおう利口な女」こそ、本当に利口な女なのではないか、これこそ女の利口な生きかたなのではないかと、向田はモンローを見て気づくのである。

そして、そんなモンローの姿は、向田には、里子たち「昔、沢山いた日本の女」と重なって見えていたのではないだろうか。家族のために自分をなくして働いているように見えて、実はその場を取り仕切っている。「何にも知らないのよ、母さん馬鹿だから」と言いながら、本当はなんでも知っている。そしてみんなに「里子さん、おかみさん」と頼られ、必要とされ、一家の「花」になっている——。

向田はそんな女たちをたしかに「信用してない」のだろう。しかし、「うまいなあ」、と感心しながら見つめているのである。

（1）和楽ムック『向田邦子　その美と暮らし』小学館、二〇一一

（2）向田邦子『霊長類ヒト科動物図鑑』文藝春秋、一九八一

（3）久世光彦『触れもせで——向田邦子との二十年』講談社、一九九二

（4）向田邦子『お茶をどうぞ——対談　向田邦子と16人』河出書房新社、二〇一六

（5）『向田邦子全対談』世界文化社、一九八二

（6）前註3

（7）向田邦子『寺内貫太郎一家』サンケイ新聞社出版局、一九七五
（8）TVガイド文庫　向田邦子シナリオ集「寺内貫太郎一家」上巻、株式会社ニュース企画、二〇一一
（9）前註8
（10）小学館『日本国語大辞典』
（11）菅野覚明『女子の心得』PHP研究所、二〇一〇。菅野は日本の伝統的な主婦権の中身は、第一に先祖や神様を祀る権利（墓や仏壇・神棚の管理）、第二に経済的な切り盛りをする権利（食べ物や衣服などを分配する権利）、第三に酒の管理・提供という大きく三つの特権であり、どちらかというと物質的な文化を伝えてきた男性たちに対し、「女性は精神文化のいちばん大事な部分を管理し、伝えてきた」と言う。
（12）向田邦子『男どき女どき』新潮社、一九八二
（13）前註2所収
（14）向田邦子『眠る盃』講談社、一九七九
（15）向田邦子『父の詫び状』文藝春秋、一九七八
（16）前註14所収
（17）向田邦子『無名仮名人名簿』文藝春秋、一九八〇
（18）向田邦子『思い出トランプ』新潮社、一九八〇

（19）田辺聖子「向田さんのこと」（「週刊文春」一九八一年九月十日号）
（20）向田邦子『隣りの女』文藝春秋、一九八一
（21）向田邦子シナリオ集Ⅵ『一話完結傑作選』岩波書店、二〇〇九
（22）前註8
（23）「寺内貫太郎一家」には、きんが自分の部屋の壁に貼った沢田研二のポスターを見ながら、「ジュリー！」と身をよじらせる名物シーンがあるが、きんは向田自身の二人の祖母を含めた「私の中にあるさまざまな「おばあさんコンプレックス（複合体）」（「寺内貫太郎の母」『夜中の薔薇』所収）」であり、つまり向田は現実の七十歳女性の中にも「度しがたい業《ごう》」を見ていたのである。
（24）向田邦子シナリオ集Ⅱ『阿修羅のごとく』岩波書店、二〇〇九
（25）小学館日本古典文学全集34『謡曲集 二』一九七五
（26）前註17所収
（27）向田邦子シナリオ集Ⅰ『あ・うん』岩波書店、二〇〇九
（28）前註27
（29）「平凡な日々の営みをドラマに結実する名手　向田邦子」（「ＭＯＲＥ」一九八〇年八月号）
（30）前註2所収

第三章　女性の人生の終《しま》いかた――『楢山節考』おりんの死と生

月の光と姨捨の影

信州の更級《さらしな》といえば、古くから月の名所として知られる地域である。西行や芭蕉も憧れ、古くから多くの和歌や俳句に詠まれてきたこの地の月であるが、それは、たとえば「更級は昔の月の光かはただ秋風ぞ姨捨《をばすて》の山」（藤原定家）というように、その地にある「姨捨《おばすて》山」という山の名とともに歌われることが多かった。

姨捨山（冠着山《かむりきやま》）は、その名のとおり、老人を山に捨てたという棄老伝説が伝わる山で、すでに平安中期の『大和物語』に、そうした説話記述がある。これをふまえた世阿弥作とされる能「姨捨」では、姨捨山の中秋の名月を楽しみに来た旅の男の前に、かつて姨捨山に捨てられた老女の霊が「今宵ともに月を楽しもう」とあらわれるが、捨てられたつらさがよみがえり、「わが心慰めかねつ更級や姨捨山に照る月を見て【私の心は更級の姨捨山に照る美しい月を見ても、ついに慰めることができなかった】[1]」と歌いながら舞い踊る。

現にこの地域で姨捨が行われていたかはともかくとして、この地名を目にするたびに、ひとびとは、われわれの目を楽しませ心を慰める月の清らかさを思い浮かべると同時に、残酷で慰めようのない暗澹たる悲しみもまたどこかで感じていたであろう。

このような姨捨伝説をもとに書かれたのが、ここで見ていく深沢七郎「楢山節考」であるが、この作品も、〈更級の月〉と同じように、生と死、明と暗の両義性が深く刻印された作品になっている。そしてそのことには、主人公のおりんが女性であるということが、少なからず関係しているように思われる。

おりんはなぜ歯を折るのか

「楢山節考」の主人公・おりんの村は信州の寒村である。貧しいこの村では、老人が七十歳になると、口べらしのために楢山に捨てに行く。しかしそれは、村人たちにとっては

「楢山まいり」なのであって、老人が楢山の神に会いに行くこととされている。「楢山には神が住んでいるのであった。楢山へ行った人は皆、神を見てきたのであるから誰も疑う者などなかった」（以下ことわりがない場合、引用はすべて「楢山節考」(2)）のである。

とはいえ、村人たちも、それが残酷な姨捨であることは重々承知している。しかし、彼らはそれを「楢山まいり」として行うことによってどうにか納得し、そのことによって貧しい村はどうにか続いていっている。いわば、村という共同体が、「楢山まいり」によって成り立っているのである。

おりんは、七十歳になる前から、「楢山まいり」を心待ちにしていた。「おりんはずっと前から楢山まいりに行く気構えをしていたのであった。行くときの振舞酒《ふるまいざけ》も準備しなければならないし、山へ行って坐る筵《むしろ》などは三年も前から作っておいたのである」。おりんにとって「楢山まいり」は、つねに頭の片隅にあって、それに向けて生を過ごしていくべき、人生の集大成ともいえるイベントであった。おりんが、先年に嫁を事故で亡くした息子・辰平の後妻におさまる女を探していたのも、自分が楢山に行ったあとのことを考え、家の世話をする嫁を求めてのことである。

そして隣村から辰平の後妻となる玉やんが来て、「振舞酒も、筵も、嫁のことも片づいてしまったが」、おりんには「もう一つすませなければならないことがあった」。

おりんは誰も見ていないのを見すますと火打石《ひうちいし》を握った。口を開いて上下の前歯を火打石でガッガッと叩いた。丈夫な歯を叩いてこわそうとするのだった。ガンガンと脳天に響いて嫌《いや》な痛さである。だが我慢してつづけて叩けばいつかは歯が欠けるだろうと思った。欠けるのが楽しみにもなっていたので、此《こ》の頃《ごろ》は叩いた痛さも気持がよいぐらいにさえ思えるのだった。

おりんは年をとっても歯が達者であった。若い時から歯が自慢で、とうもろこしの乾《ほ》したのでもバリバリ噛み砕いて食べられるぐらいの良い歯だった。年をとっても一本も抜けなかったので、これはおりんに恥ずかしいことになってしまったのである。息子の辰平の方はかなり欠けてしまったのに、おりんのぎっしり揃っている歯はいかにも食うことには退《ひ》けをとらないようであり、何《な》んでも食べられるというように思われるので、食料の乏しいこの村では恥ずかしいことであった。

村の人はおりんに向って、

「その歯じゃァ、どんなものでも困らんなあ、松っかさでも屁《へ》っぴり豆でも、あますものはねえら」

これは冗談で云うのではないのである。たしかに馬鹿にして云っているのである。……年をとってから、しかも楢山まいりに行くような年になってもこんなに歯が達者

では馬鹿にされても仕方がないと思っていた。（以下もすべて傍点引用者）

若いころには「自慢」であった丈夫な歯も、「楢山まいり」が視野に入る年齢になってくると、「おりんに恥ずかしいこと」になってくる。しかし「おりんに恥ずかしいこと」というのは、おりんがひとりで恥ずかしいと感じていることではない。それは「食料の乏しいこの村では恥ずかしいこと」なのであり、村のひとびとが「楢山まいりに行くような年になってもこんなに歯が達者」であることを「恥ずかしいこと」として馬鹿にするようなことを言うからこそ、よりいっそう「おりんに恥ずかしいこと」になるのである。

さらには、おりんの孫のけさ吉までも、「おらんのおばあやん納戸《なんど》の隅で　鬼の歯を三十三本揃えた」という替え歌を唄って村の者たちの前でおりんの歯の丈夫さを馬鹿にし、おりんを笑いものにしていた。

おりんはこの村に嫁に来て、村一番の良い器量の女だと云われ、亭主が死んでからもほかの後家《ごけ》のように嫌なうわさも立てられなく、人にとやかく云われたこともなかったのに、歯のことなんぞで恥ずかしいめにあうとは思わなかった。楢山まいりに行くまでには、この歯だけはなんとかして欠けてくれなければ困ると思うのであった。

楢山まいりに行くときは辰平のしょう背板に乗って、歯も抜けたきれいな年寄りになって行きたかった。そこで、こっそりと歯の欠けるように火打石で叩いてこわそうとしていたのである。

村に嫁に来てから五十年間、おりんは村人たちからうしろ指をさされることもなく、村の人間として立派に生きてきていたつもりだった。しかし、村の人間としての最後のつとめ、いわば総決算である「楢山まいり」が、自慢であったはずの丈夫な歯によって、体《てい》よくいかない可能性が出てきてしまったのである。

「食料の乏しいこの村」がどうにか成り立っているのは、「楢山まいり」があるからこそである。しかし「何んでも食べられる」丈夫な歯は、「楢山まいり」に行く老人――もう捨てられてもしかたがないくらいに生きる力を失った年寄り――にふさわしくない。「楢山まいり」をしはたすためには、それにふさわしい「歯も抜けたきれいな年寄り」にならなければいけないのであり、それをやり遂げてこそ、この村の人間として十全に生ききることができるのである。

おりんの丈夫な歯に関して何度も確認される「恥ずかしい」という感情は、アメリカの文化人類学者ルース・ベネディクトが日本人独特の規範意識を「恥の文化」と言いあらわしたように（『菊と刀』）、日本文化の根幹にかかわるものである。第一章でも見たように、哲学者の向坂寛は、葉、端、歯など、本体からハズれてはみ出した端にあるものと同語源の「外《は》ず」に通じるのが「恥ず」であると説明し、日本人は「本来あるべき姿から外《はず》れている時、恥を感じ」てきたのではないかと言っている(3)。年をとっても丈夫なおりんの歯は「食料の乏しいこの村」の人間としての「本来あるべき姿から外《はず》れ」ているものであり、「恥ずかしいこと」である。だからこそおりんは、その「外れ」た自身のありかたを、村の人間としての「本来あるべき姿」――「歯も抜けたきれいな年寄り」の姿へと近づけ、自身をふたたび村の人間として位置づけなおそうとするのである。

しかし結局おりんの丈夫な歯は火打石で叩いたくらいでは欠けず、おりんは「一世一代の勇気と力を出し」、「目をつむって石臼《いしうす》のかどにがーんと歯をぶっつけた」。上の前歯が二本欠けた嬉しさをこらえきれず、嫁に来たばかりの玉やんに「わしは山へ行く年だから、歯がだめだから」と欠けた部分を得意げに見せたおりんは、「これで何もかも片づいてしまったと踊り上らんばかりだった。辰平を探しに行きながら村の人達にも見せてやろうと家を出て祭り場の方へ歩いて行ったが、実に肩身が広くなったものだと歩いて行った」。楢山に行くにふさわしい「歯も抜けたきれいな年寄り」になったということは、立派な村の人間にふたたび戻ることができたということである。だからこそおりんは、それまでの

「恥ずかしい」気持ちを払拭し、村の人間として、堂々と村人たちの前に出て行くのである。

はたして年の瀬も迫った冬の日、おりんは辰平に背負われて「楢山まいり」に行く。おりんは筵《むしろ》を敷く場所、つまり自分の死に場所を自分で決め、その上に立った。「辰平は身動きもしないでいるおりんの顔を眺めた。おりんの顔は家にいる時とは違った顔つきになっているのに気がついた。その顔には死人の相が現れていたのである」。おりんは、村の人間としての生を閉じることまでを、みずからやってのけようとしていた。

そんなおりんを置いて、辰平が山の中ほどまで下りてきたとき、雪が降りはじめた。村には「塩屋のおとりさん運がよい　山へ行く日にゃ雪が降る」という歌があり、雪が降りそうなときを選んで山へ行き（山へ行こうという時点で雪がすでに積もっていると、そもそも楢山までたどりつくことができない）、到着したときに雪が降り出すのが理想だとされていた。おりんは普段から「わしが山へ行く時ァきっと雪が降るぞ」と力んでいたのだが、まさにその言葉どおりになったのである。

「楢山まいり」には、「お山に行ったら物を云わぬこと」「山から帰る時は必ずうしろをふり向かぬこと」など「お山へ行く作法」があり、それを守らなければならない。しかし、「本当に雪が降ったなぁ！　と、せめて一言だけ云いた」い一心で、辰平は来た道を戻り、岩かげから、筵の上に座って念仏を称えるおりんに声をかけた。

「おっかあ、雪が降って運がいいなあ」

そのあとから

「山へ行く日に」

と歌の文句をつけ加えた。

おりんは頭を上下に動かして頷《うなず》きながら、辰平の声のする方に手を出して帰れ帰れと振った。

おりんの「楢山まいり」は、年来願っていたとおりにしはたされた。そしてそれが村で歌われる歌どおりになるということは、おりんの「楢山まいり」がまさに理想的なものであったことが保証されると同時に、おりんがある〝超越的ななにものか〟に連なったということである。おりんはみずからの意志をもって「楢山まいり」をほぼ完璧にしはたすことで、村の人間としてのその生を終えたのである。

又やんの死

ところでこの話には、主人公のおりんとは対照的な「楢山まいり」も描かれている。おりんの隣は銭屋と呼ばれる家だったが、その家の老父の又やんもおりんと同じく、今年七十歳になろうとしている。しかし、何年も前から「楢山まいり」のことを念頭にさまざまな準備を進めているおりんに対し、又やんは「支度」のそぶりも見せない。そんな様子に、「おりんは又やん自身が因果な奴で山へ行く気がないのだと見ぬいていたので、馬鹿な奴だ！　といつも思っていた」。

そしておりんが明日はいよいよ山に行こうという夜遅く、おりんは外で誰かが泣く声を聞いた。

　わあわあと男の声であった。その声はだんだん近づいてきておりんの家の前に来たのであるが、その泣き声を消すように、あのつんぼゆすりの歌も聞えたのである。

　六根《ろっこん》〳〵〳〵ナ

お供ァらくのようでらくじゃない
　肩の重さに荷のつらさ
　　ア六根清浄《しょうじょう》、六根清浄

「つんぼゆすりの歌」というのは、「楢山まいりに行く時に、修養の出来ていない者とか、因果な者は行くことを嫌がって泣く者があるので、その時にお供の者が唄う」歌であり、「六根清浄《ろっこんしょうじょう》」とは仏教用語で、迷いを起こさせるもととなる六つの器官（目・耳・鼻・舌・身・意）の汚れを払い、清らかになることをいう。

泣き声の主は、その夜「楢山まいり」に連れて行かれるため、倅《せがれ》に荒縄で縛られた又やんだった。しかしその後又やんは縄を食い切って逃げ出し、おりんの家の縁側でうずくまっていた。

おりんは又やんを、

「馬鹿な奴だ！」

と呆れて眺めた。……おりんは叱るように又やんに云い聞かせた。

「又やん、つんぼゆすりをされるようじゃァ申しわけねえぞ、山の神さんにも、息子にも、生きているうちに縁が切れちゃァ困るらに」

おりんは自分の正しいと思うことを、親切な気持で教えてやったのである。

おりんと対照的に、又やんは「楢山まいり」が姨捨であることを強く意識している。そして捨てられるのをひたすらに嫌がり、なんとか逃げ出そうとする。しかしたとえ逃げ出しても、又やんが行けるのはせいぜい隣の家の縁側なのであり、「楢山まいり」そのものから逃げることはできない。この村の人間として生まれ、生きてきたかぎり、村の人間として「楢山まいり」に行ってその生を終えるしかすべはない。「山の神さんにも、息子にも、生きているうちに縁が切れちゃァ困るらに」というおりんの言葉は、村の人間としてのその生をまっとうするためには、「楢山まいり」を受け入れるしかないのだという「自分の正しいと思うこと」を又やんに教える。

しかしおりんの「自分の正しいと思うこと」は、単におりんひとりの思い込みではない。年をとっても丈夫な歯が「食料の乏しいこの村では恥ずかしいこと」であったように、「楢山まいり」をしはたすことができないということは、村の人間としての「本来あるべき姿から外《はず》れ」ることなのであり、この村の人間として生きられないということ、「山の神さんにも、息子にも、生きているうちに縁が切れ」てしまうことなのである。

それでも結局、又やんは「楢山まいり」を受け入れることはできず、おりんと同じ日に「荒縄で罪人のように縛られ」、楢山に連れて行かれる。だが、おりんを楢山に置いてきた帰途にあった辰平が又やんと倅《せがれ》の姿を目撃したのは、楢山の手前の七谷《ななたに》という場所であった。

又やんは昨夜は逃げたのだが今日は雁字《がんじ》搦《がら》みに縛られていた。芋俵《いもだわら》のように、生きている者ではないように、ごろっと転がされた。倅《せがれ》はそれを手で押して転げ落そうとしたのである。だが又やんは縄の間から僅《わず》かに自由になる指で倅の襟を必死に摑んでがりついていた。倅はその指を払いのけようとした。……そのうちに倅が足をあげて又やんの腹をぽーんと蹴とばすと、又やんの頭は谷に向ってあおむきにひっくり返って毬のように二回転するとすぐ横倒しになってごろごろと急な傾斜を転がり落ちていった。

辰平は谷の底の方を覗《のぞ》こうとしたその時、谷底から竜巻のように、むくむくと黒煙りが上ってくるようにからすの大群が舞い上ってきた。……

舞い乱れていたからすはだんだんまた谷底の方へ降り始めたのである。

「からすの餌食か!」

あんな大変のからすじゃァと身ぶるいをしたが、落ちた時は死んでしまっているだろうと思った。

又やんの「楢山まいり」は、楢山にたどりつくこともなく終わった。楢山へ行く「気構え」も「支度」も万端に、「楢山まいり」を見事にしはたし、その生に幕を引いたおりんとは対照的に、「楢山まいり」を最後まで受け入れられなかった又やんは、自分の意志に反して、しかも倅の手によって谷底に突き落とされ、その死骸はからすに食われるというきわめて悲惨なかたちで、その生を終えるのである。

しかし、だからと言って、又やんの「楢山まいり」が失敗だったというわけではないし、また、又やんがこの村でも特別にあきらめが悪かったということでもない。

「楢山まいり」の前の晩には、すでに山に年寄りを連れて行ったことのあるひとたちを呼んで宴会を開き、そこで先に見たような「お山へ行く作法」について教示を受けるのがならわしであるが、それが終わったあと、辰平はそのうちのひとりに、「おい、嫌ならお山まで行かんでも、七谷の所から帰《けえ》ってもいいのだぞ」、「まあ、これも、誰にも聞かれないように教えることになっているのだから、云うだけは云っておくぜ」と小声で告げられる。これはつまり、楢山までたどりつかない「楢山まいり」が村では暗に許容されてきたこと、そしてそのように半端なものであっても、村のひとびとにとっては「楢山まいり」として理解されてきたということなのであり、又やんの倅もおそらく同じことを誰からか教えられ、それで七谷で又やんを突き落としたのである。

又やんの最期は偶然辰平に目撃されたが、楢山に行く途中のどこで老人が死のうとも、連れて行った本人以外の村のひとびとは、その死に場所や死にかたを知るよしもない。楢山の方へ連れて行かれ、二度と帰ってこなかった老人たちは、村人たちにとっては、みな、「楢山まいり」に行ったひととなる。辰平が宴会の席でこっそり教えられたことや「つんぼゆすりの歌」の存在は、以前に「楢山まいり」に行った老人たちの中にも、又やんのようにどうしてもそれを受け入れられなかった者が少なくなかったことを示している。

そしてたとえ「楢山まいり」を受容したとしても、その多くは、おりんのように積極的に「楢山まいり」を迎えようとするというよりは、納得のいかないいろいろな思いを抱えたままに、しかしそうするほかはないからしかたなく受け入れるというようなものだったのではないだろうか。(4) おりんのありようはこの村でも特異なもので、みずからの生に執着し、「六根清浄、六根清浄」と諭される又やんの方が、むしろ普通の反応だったのではなかろうか。

「楢山節考」は第一回中央公論新人賞の当選作として昭和三十一（一九五六）年に発表され、当時の読者は大きな衝撃を受けたが、それはその選考にあたった三島由紀夫、武田泰淳、伊藤整という当代の大作家三人も同様であった。三人による選後評の座談会で、三島は次のように言っている。

三島　初めはどういう小説かまつたく見当がつかなかつた。変なユーモアの中にどすぐろいグロテスクなものがある。たとえばおばあさんが自分の歯を自分で欠くところなんかを出して、だんだんに暗い結末を予感させていくわけですね。ぼくは正直夜中の二時ごろ読んでいて、総身に水を浴びたような感じがした。（「新人賞選後評」(5)）

三島が「総身に水を浴びたような感じがした」というある意味最大限の讃辞を送った、おりんが自分の歯をなんとか欠けさせようとする描写は、木下恵介・今村昌平の両監督による映画化（一九五八／一九八三年）の際、おりんを演じた田中絹代と坂本スミ子がそのために自身の歯を抜いたり削ったりということまでした、「楢山節考」を象徴する場面でもある。

しかし考えてみれば、七十歳になれば村の年寄りはみな「楢山まいり」に行くのであり、おりんのように歯がそろっていても「楢山まいり」に行けないわけではない。歯が達者であるという「おりんに恥ずかしいこと」は、たしかに村人たちに馬鹿にされるような「この村では恥ずかしいこと」でもあるのだが、だからといって、歯が丈夫な年寄りは村の人間として認められないということではない。ただ、歯が抜けていれば「楢山まいり」に行くのによりふさわしい姿――「きれいな年寄り」――になることができるというだけで、歯が欠けていることは楢山に行くために必須の条件というわけではない。にもかかわらず、おりんは異様なまでに「きれいな年寄り」になることにこだわるのである。

このおりんの異様さは、ほかにも振舞酒や莚《むしろ》の万全な「支度」や、息子の辰平はおりんの「楢山まいり」をできるだけ先延ばししたがっているのに、おりん自身が、「向《むこ》う村のわしのおばあやんも山へ行ったのだぞ、このうちのお姑も山へ行ったのだぞ、わしだって行かなきゃァ」と、ことあるごとに楢山行きをせかしていることなどにもあらわれている。

そのような尋常ではないおりんのありようについて、武田泰淳は先の座談会の中で、「この老婆が早く死にたがつている、早く楢山に登りたがつているという考え方、それがこの小説を美しくしているのであつて、もしあれが泣き叫ぶような側に立つていたら、この小説は全然成立できなかつた」（「新人賞選後評」）と指摘し、これをうけて倫理学者の佐藤正英は「【楢山に】登ることに対して従順であることと、早く登りたがることとの間には溝がある。両者は異質な在りようである(6)」と言っているが、おりんの、単に「楢山まいり」を受け容れているというレベルを超えた、〝「きれいな年寄り」にならなくてはいけない〟〝早く楢山に登りたい〟という、尋常ではない、しかし突き抜けた衝迫こそがこの小説の核になっていることは間違いない。

　そしてそれゆえ、文芸評論家の山本健吉は「おりんが存在しなかったら、この小説の陰惨さは救われなかった(7)」と言い、宗教学者の島薗進は、「自ら生き延びたいという思いを超えていく」おりんが「神的な存在のように感じられる」とも言うのであるが(8)、しかしおりんには、神的な清らかさだけに収斂するのではない、三島の指摘する「どすぐろいグロテスクな」狂気のようなものもたしかにあるのであり、それが三島に「総身に水を浴びたような感じ」を与えもしたのである。いわばおりんには、〈更級の月〉のように、ひとびとの心を慰めるような清らかさと、慰めようのない暗い残酷さが同居しているのである。

　このような生と死、明と暗の両義性の入り交じった尋常ならざるおりんのありようを考えるのに、『古事記』の黄泉国神話、とりわけ女性神・イザナミの生と死をめぐる神話が参考になる。

この世界がはじまったばかりのころ、まだできたての葦原中国《あしはらのなかつくに》【日本】は、浮いた脂のような状態で、しっかりとした形をなしておらず、そのあたりをくらげのようにふわふわと漂っていた。そこで、イザナギとイザナミという男女の神が、この国を「修《おさ》め理《つく》り固《かた》め成《な》す」ことになったのだが、それは具体的には、男女で性交渉をし、この国に必要な島や神を生むというかたちで進められていった。

しかしイザナミは火の神を生んだときに大やけどを負ってしまい、黄泉国【よみのくに。あるいは、よもつくに】に行くことになる。この国に火がもたらされたのと引き換えに、世界は死を引き受けなければならなくなったのである。

ひとり残されたイザナギは、イザナミを迎えに黄泉国に行き、葦原中国へ帰ってくれるよう頼む。するとイザナミは、「黄泉国の神と相談してくるので、その間、私を見ないでください」と答え、いったん御殿の内に戻っていった。

実は黄泉国はとても暗い所だったらしく、イザナギはイザナミの姿を見えないままに会話を交わしていた。しかし約束に反して、イザナギは火をともしてイザナミの姿を見てしまう。そこで彼が目にしたのは、全身に蛆や雷神がたかっている、愛する妻の変わりはてた姿であった。死体が腐乱していくさまを連想させる、醜悪でおそろしいありさまを見ておそれたイザナギは、あわてて葦原中国へと逃げ帰っていく。

このあと、追ってきたイザナミが葦原中国に入ってこられないようにと、イザナギが道の途中に「千引《ちびき》の石《いわ》」【千人の力でようやく引くことができる大きな岩の意】を置き、二神はこの岩を間にして、次のような言葉を交わす。

伊邪那美命《いざなみのみこと》言ひしく、「愛《うつく》しき我《あ》が汝夫《なせ》の命《みこと》、かく為《せ》ば、汝《いまし》の国の人草《ひとくさ》、一日《ひとひ》に千《ち》頭《がしら》絞《くび》り殺さむ。」といひき。ここに伊邪那岐命《いざなきのみこと》詔《の》りたまひしく、「愛《うつく》しき我《あ》が汝妹《なにも》の命《みこと》、汝然為《いまししかせ》ば、吾《あれ》一日《ひとひ》に千五百《ちいほ》の産屋《うぶや》を立てむ。」とのりたまひき。ここをもちて一日《ひ》に必ず千人《ちたり》死に、一日に必ず千五百人《ちいほたり》生まるるなり。故《かれ》、その伊邪那美命《いざなみのみこと》を號《なづ》けて黄泉津大神《よもつおほかみ》と謂《い》ふ。

（『古事記』(9)）

伊邪那美命《いざなみのみこと》は、「愛しい私の夫よ。あなたがこのようなことをするのであれば、私はあなたの国の人草を、一日に千人殺しましょう」と言った。それに対し、伊邪那岐命《いざなきのみこと》は、「愛しい私の妻よ、あなたがそのようにするならば、私は一日に千五百の産屋を建てましょう」と答えた。このことによって、一日に必ず千人死に、千五百人が生まれるのである。そしてこのことゆえに、伊邪那美命を名づけて、「黄泉津大神《よもつおおかみ》」という。

ここで、「人草」と言われる葦原中国の人間の生き死にに関すること、つまり一日に千人死に、千五百人生まれることが決められた。そして、醜悪でおそろしいイザナミは、「黄泉津大神《よもつおおかみ》」【黄泉国の偉大な神の意】という、人間に死を与える、〈死の神〉になったのである。

しかし、そもそもイザナミは、葦原中国にとって必要な島や神を生むことでこの国を国として成立させた、〈生の神〉でもあった。つまり、一柱《ひとはしら》の女性の神が〈生の神〉であると同時に〈死の神〉となったということである。

イザナミのこうした両義性は、自然のおのずからのいとなみの両義性でもある。この世界では死ぬ者がいるからこそ、次に新しい命が生まれてくることができる。もしひとが死ぬことなく生きつづけるとすれば、資源も環境もすぐに不足し、結局は人間全体がたちゆかなくなる。また、老いた者が死ななければ、その場は老いた者であふれ、停滞し、やがて場自体が滅びていってしまう。老いた命が死んでいくからこそ、新たな命が生まれ、場がいきいきとするのであり、つまり死と生とは基本的に別事ではない。ひとりひとりの生と死はいずれも、人間全体としての生命が持続・維持される運動の一部として考えることもできる(10)。

〈生の神〉と〈死の神〉というイザナミの両義性は、葦原中国という場、あるいはそこに住む人間という種の持続・維持という大きな命のいとなみの一側面と言うことができるであろう。イザナミという女性の神は、生も死も含んだ、この世界における生命のいとなみ全体をつかさどっているのである[11]。

母胎に返るということ

ここで「楢山節考」に話を戻そう。

もともと「楢山まいり」を心待ちにしていたおりんだったが、楢山行きをさらに急ぐきっかけとなる出来事があった。孫のけさ吉が、家族になんの相談もなく近所の松やんを嫁にもらってきてしまい、しかも松やんは妊娠していたのである。松やんの大きくなりかけたお腹を見ながら、「正月か？　それとも早ければ今年中かも知れないと、おりんだけが一人で気をもんでいた。松やんが子を生めばおりんはねずみっ子を見ることになるのであった」。「ねずみっ子」とは曾孫《ひまご》のことで、おりんはこの妊娠に気づいてから、「早い方がいいぞ、どうせならねずみっ子の生れんうちに」と、楢山行きをますます急ぎはじめる。

なぜおりんが「ねずみっ子を見ること」をこれほど嫌がるかというと、この村で歌われる「かやの木ぎんやんひきずり女　せがれ孫からねずみっ子抱いた」という歌のことがあったからである。「かやの木」というのは、村の、大きなかやの木がある家のことで、そこに以前ぎんやんという老婆がいた。「ねずみのように沢山子供を産むということで、極度に食料の不足しているこの村では曾孫《ひこ》を見るということは、多産や早熟の者が三代続いたことになって嘲笑されるのであった。ぎんやんは子を産み、孫を育て、ひこを抱いたので、好色な子孫ばかりを産んだ女であると辱《はずか》しめられたのである。ひきずり女というのは、だらしのない女とか、淫乱な女という意味である」。この言いかたでは好色や淫乱が戒められているようにも見えるが、問題はそのような道徳的なことではなく、「極度に食糧の不足しているこの村」では、家族が増えることで、ひとり分の食糧が目減りしてしまうということにある。

この歌や、あるいはなんでも食べられそうなおりんの丈夫な歯が馬鹿にされていたことからもわかるように、この村のさまざまなしきたりや価値観の基本にあるのは、いかに人間の数を抑え、ひとりの人間が生きていくのに必要な食糧を確保するかということである。人数が増えることで、家が、村が総倒れにならないよう、生きる人数と死ぬ人数をコントロールすることがこの村では必須なのであり、そのためのいちばん大事な慣習が「楢山まいり」なのである。「楢山まいり」は役に立たない年寄りをただ殺すというのではなく、家族、あるいは村全体の生のための死なのであり、「楢山まいり」はこの村にとって、いわばイザナミのはたらきをはたしているのである。

ところで、先に見たように、「楢山まいり」を急ぐおりんは、「向《むこ》う村のわしのおばあやんも山へ行ったのだぞ、このうちのお姑も山へ行ったのだぞ、わしだって行かなきゃァ」と言っていた。ここでおりんが「おばあやん」「お姑」という女たちを引き合いに出しているのは、単に自分と同性という共通点だけのためではないだろう。子どもを生み、孫を育て、食事をはじめ家族の生活を直接に世話する女性たちは、だからこそ、命をつなぐということが簡単なことではないこと、そして、家や村という単位での命を守るためには、「楢山まいり」を避けて通ることはできないことを身をもって知っている。それゆえに、彼女たちは自分の「楢山まいり」を進んで受容し、立派にやり遂げようとしたのであろう。

そしてその一方で、「楢山まいり」を受け容れることができなかった又やんや、おりんの楢山行きをいやがった辰平たち男性の姿は、死の醜悪さを拒み、黄泉国から逃げ帰ったイザナギと重なってくるように思われる[12]。

先の「新人賞選後評」座談会での「総身に水を浴びたような感じがした」という三島の発言のあとには、次のようなやりとりが続いている。

三島　……最後の別れの宴会のところなんか非常にすごいシーンで、あそこを思い出すと一番こわくなる。そのこわさの性質は父祖伝来貧しい日本人の持つている非常に暗い、いやな記憶ですね。妙な、現世にいたたまれないくらい動物的な生存関係、そういうものに訴えてわれわれをこわがらすのであつて、ポーの恐怖小説みたいな知的コンポジションはない。だからこの小説の恐怖の質というものはあまり高いものでない。しかし高いものでないからこそ、こんなに深く、妙に心にねばりついて入つてくるのだ。……

……

三島　つまりこの登場人物は全部秘密を知つているわけです、ことに別れの宴会で死に方を教える連中なんかは秘密を知りつくしているのだから、そういう人間の裏の心理を想像するとこわくなるのです。自分の肉親を自分で殺した連中がどてらを着て、毎日平気で村の生活をしているということが非常におそろしくて……。

武田　耐えがたいな。

三島　そう、とても耐えがたいんだ。

伊藤　ぼくは田舎で貧しい農漁村に育つたけれども、そういう農漁村の年寄りたちの生き方、考え方を延長していけば、あそこに達する気がしますね。たとえば年をとつて中風になつたものを物置小屋に入れておいて、かろうじて生きていけるだけの世話しかしない、そういうものと全然無縁じゃない、だからおそろしいという感じがするな。

三島　……

やみの世界だね。母胎の暗い中に引き込まれるような小説だね。

（「新人賞選後評」）

このやりとりから、「楢山節考」が当代の大作家三人をそろってこれだけこわがらせたその最大の理由が、この話が「父祖伝来貧しい日本人の持つている非常に暗い、いやな記憶」を呼び起こすこと、そして彼らが実際に接してきたひとびとの生きかた、考えかたと「全然無縁じゃない」ところにあることが浮かび上がってくる。

現代を生きる私たちはむろん、姨捨はしない。しかし、たとえばここで伊藤整が自分の育った村でかつて行われていた残酷な習慣を語っているように、生きてくためにはしかたがないという理由で、ひどくおそろしいことをしてしまう可能性が私たち自身の中にあることを、この小説は思い起こさせるのである。

特に三島は、年寄りが楢山に行くのをいやがるのなら、七谷で突き落としてきていいと教える村人たちの心理や、「自分の肉親を自分で殺した連中がどてらを着て、毎日平気で村の生活をしているということ」をひどくおそろしがっているのだが、この「自分の肉親を自分で殺した連中が……」というのは、この小説の最後、楢山から辰平が帰ってきたときの家の様子を描いた、次のような部分をさしている。

戸を開けようとした時、松やんが納戸の方から出てきた。大きい腹にしめているその帯は、昨日までおりんがしめていた縞の細帯であった。松やんが開けて出て来た納戸の奥では、昨夜おりんが丁寧に畳んでおいた綿入れを、もうけさ吉はどてらのように背中にかけてあぐらをかいて坐っていた。

けさ吉と松やんという若い夫婦は、つい昨日までおりんが身につけていたものをもう着ている。おりんを殺しておいて、彼女の持ちものだったものを平気で自分たちのものにしてしまうのは、たしかにひどく残酷なことである。しかしこの残酷な光景こそ、おりん自身が望んでいたことなのではないだろうか。

自分は「楢山まいり」という名目で生を終えていく。しかし、それによってこの家や村にほんの少しの余裕ができることで、若い者たちの命がつながれていく。それはつまり、自分が彼らの生を支えているということでもあり、おりんはもはや生と死の境を越え、生命のいとなみ全体を支えるもの――イザナミのような大いなるはたらきそのものに連なっているのである。「楢山には神が住んでいるのであった。楢山へ行った人は皆、神を見てきたのであるから誰も疑う者などなかった」というのは、本人がどのような思いをもっていたかはともあれ、「楢山まいり」に行った年寄りたちはみな、この大いなる神のはたらきの一部になったことを語っているのであろう。

三島が「母胎の暗い中に引き込まれるような小説」と評したように、姨捨にかぎらず、生きていくというのは、実は厳しく、残酷なことを内に抱えていくことであることを、この小説はひとびとにあらためて意識させた。しかし、死の神であると同時に生の神であるイザナミの母胎に返ること――生と死の垣根を越え、生命の大いなるいとなみに一体化し、その母胎にたゆたうことは、大きな安心を私たちにもたらすことでもある。

姨捨はたしかに、人間の暗部――影の部分――を私たちに突きつける。しかし、暗い闇の中でこそ月の光がまばゆく清らかに感じられるように、姨捨で捨てられたひとたちの生も、あるたしかな光を私たちに届けてくれるのである。

（1）この歌は『古今和歌集』や『大和物語』などにも収録されている。

（2）深沢七郎『楢山節考』新潮文庫、一九六四
（3）第一章註14
（4）「たまきはる　命惜しけど　せむすべもなし（命は惜しいがなすすべもない）」など、万葉以来の「せむすべなし」という定型表現には、そうしたいやおうない屈折した思いが折り込まれている。
（5）「新人賞選後評」（『中央公論』一九五六年十一月号）
（6）佐藤正英『隠遁の思想』ちくま学芸文庫、二〇〇一
（7）山本健吉「深沢七郎の作品」（『山本健吉全集』第十四巻、講談社、一九八四）
（8）島薗進『宗教を物語でほどく』NHK出版、二〇一六
（9）引用は岩波文庫『古事記』（一九六三）に依り、適宜表記をあらためた。
（10）このことは、ひとりの人間の体の中で日々多くの細胞が死に、そこに新たな細胞が生まれてくるという細胞レベルでの死と生のいとなみがくりかえされていることによって、多少の怪我や病気も克服され、ひとりの人間という生命体の命が持続し維持されているということを考えてみると理解しやすい。なお、このように、命をそれが存在する場の側から考える観点については、清水博『〈いのち〉の自己組織』（東京大学出版会、二〇一六）に詳しい。
（11）命を生み出す女性こそが死をもたらすことになるということは、第二章「隠され

た畏れ——向田邦子と女という「阿修羅」」において論じた、日常を維持する女性たちこそがそれを破壊しうるということとも重なってくるだろう。

(12) 棄老伝説が一般的に「姨捨」あるいは「姥《うば》捨て」など、女性を捨てるという表現になっているのも、あるいはこのことと関係しているかもしれない。

第四章　〈良妻賢母〉という近代――下田歌子がめざした女性像

〈良妻賢母〉のアンビヴァレントな可能性

　ある女子大学で学生向けに催された講演会を聴講したことがある。講師は有名企業で活躍するキャリア女性で、結婚・子育てをしながら仕事でも高い評価を受けている〈女性リーダー〉の話を聴くことで、女子学生にも将来リーダーとして活躍するという意欲を持ってほしいという趣旨設定のものだった。

　その中で講師の女性が言ったなにげない一言が、今のこの国の女性観や女性たちの生きかたの複雑さを象徴しているようで、印象に残っている。「私はよく〈女性リーダー〉とか〈キャリアウーマン〉とか言われるんですが、自分ではむしろ〈良妻賢母〉だと思っているんです」。

現在の日本社会の大きな流れでは、〈女性リーダー〉や〈キャリア女性〉の育成が急務とされている。一方の〈良妻賢母〉は、そのような流れの対極にあるものと、一般的には認識されているだろう。この講師もそのような対比を意識して〈良妻賢母〉という言葉を使っていたのだが、ならば〈良妻賢母〉は克服されるべきものかというと、彼女は、自分は〈女性リーダー〉や〈キャリア女性〉よりも〈良妻賢母〉としてありたい、と、むしろ〈良妻賢母〉をよしとし、〈良妻賢母〉としての自身に誇りを持っていると言っていたのである。

ここでは、この講師の考えや、現在の日本の女性政策の是非についてふみこむことはしない。しかし、現在の日本社会では〈古い〉時代の価値観・女性像を象徴するものとして考えられることが多い〈良妻賢母〉が、一見それと対照的な〈新しい〉女性から支持され、そしてその〈新しい〉女性が、みずからその〈良妻賢母〉でありたいと言っていたこと——それは特殊な事例ではないだろう——を考えると、〈良妻賢母〉には、時代遅れな価値観・女性像というだけではないところがあるのではないだろうか。いうまでもなく、「賢い母」「良き妻」は、それ自体としては、どこまでも肯定語なのである。

明治・大正・昭和という近代日本女子教育の礎《いしずえ》が築かれた時代に〈良妻賢母〉思想をリードしたひとりと言われるのが、下田歌子（一八五四〜一九三六）である。女子教育者としての活躍はむろん、当時の日本女性で一番の高給取りであり、その政界での広い人脈ゆえに伊藤博文や井上馨、山県有朋といった政府高官たちとの醜聞がメディアをにぎわせていた下田は、当時もっとも有名な女性のひとりであった(1)。

その経歴を簡単に見ておくと、一八五四（安政元）年、現在の岐阜県恵那市に生まれた下田は幼名を平尾鉐《せき》といい、三歳で和歌を詠み、八歳で漢籍を解したという早熟な少女であった。東京に職を得た父を追って十六歳で上京、翌一八七二（明治五）年宮中に出仕し、美子《はるこ》皇后（のちの昭憲皇太后）にその歌才を愛されて「歌子」の名を賜《たまわ》り、女官として異例の出世をはたすが、結婚のため宮中を辞する。病気の夫の面倒をみながら（夫の下田猛夫は明治十七年没）、一八八二（明治十五）年、政府高官の子女を対象とした桃夭《とうよう》学校を自宅に開き、一八八五（明治十八）年に華族女学校（現・学習院女子中・高等科）が創設される際には教授職とあわせて要職（幹事・学監）を任された。

女子教育視察のため、一八九三（明治二十六）年から二年間欧米に渡りイギリスのヴィクトリア女王にも謁見、帰国後に私立実践女学校・女子工芸学校（現・実践女子学園）、順心女学校（現・順心広尾学園）を設立し、一九三六（昭和十一）年に八十三歳で亡くなるまでに、『家政学』上・下（一八九三年）をはじめ、女子学生を対象とした教科書・著書を四十点近く刊行し、それ以外にも多くの論文や随筆を主に女性向けの雑誌に書いている。ほかにも、七、八歳児を対象とした日英両語を同時に教える教科書を編纂したり、修身教科書を執筆したりと[2]、その活動は女子教育という枠内にとどまらず、明治から昭和初期の教育界全体に大きな影響を及ぼしている。

このように下田歌子はまさに近代日本における女子教育の基礎を築いた女性であるが、その教育理念やそれを支える思想についての研究は、十分に尽くされてきたとは言えない。その理由のひとつには、下田が残した著作のほとんどが女子学生を対象とした教科書や訓導書、あるいは婦人向け雑誌の随筆であるため、思想や理念を研究する対象として扱われてこなかったということがあるだろう。

しかしそのもっとも大きな理由は、たとえば次のような下田自身の言葉に求められるように思われる。

> 国家が……泰平無事の間には、婦人は婦人として自分の特長を発揮して、陰に国家に尽くせばよろしい。……男と違って国家事業に関係するのは、むしろ間接的でありまして、直接には家庭のこと、子女の教育等に骨を折り、その余力があったならば、

慈善事業なり、社会の感化的事業なり、または社会の生産事業、すなわち女工に関することなり、いずれにしても、国家のためになることも、ごく地味なことをすればよいのであります。

（『婦人常識訓』(3)）

女性は「陰に国家に尽くせばよろしい」、「国家のためになることも、ごく地味なことをすればよい」という下田の言いかたは、女性には国家事業を担うだけの能力がないから、その活動の場を家庭に限定し、国家事業の大事な点は男性たちにまかせよ、という主張のように見える。そしてこのような言いかたに、明治・大正という日本の近代国家形成期に作られた「賢母良妻」「良妻賢母」といった理念の影を見るひとも少なくないだろう。

「賢母良妻」「良妻賢母」という規範の歴史は、実は比較的新しい。江戸時代まではこれらの言葉が規範として用いられることはなく、「明治に入り、一八七〇年代に「賢母良妻」、一八九〇年代になって「良妻賢母」という語が用いられるようになった(4)」ものである。

明治以降のいわゆる富国強兵をめざした国家主義的政策の中で、「男が職業や兵役を通して直接的な国家への貢献を行う」のに対し、女たちを「「優秀な」子を育て、家を守り、内助に尽く」すという「第二次的存在(5)」として近代国家に役立てていくためにこの理念が利用された、というのが現在からの「賢母良妻」「良妻賢母」という言葉に対する一般的理解・評価だろう。

そして下田の著作を見てみても、一八九三（明治二十六）年に発刊された初めての著書『家政学』にすでに「良妻賢母」の語が見えており[6]、その後の著作にも「賢母良妻」「良妻賢母」といった言葉が頻出している。それもあって、下田は「「賢母良妻論」を主導する女子教育家[7]」と見なされるようになり、第二次大戦後の思想・歴史再評価の過程で、下田の理念・思想も当時のいわゆる国家主義的・封建的発想や理念一般が抱える限界を持つものと判断され、下田研究はそれ自体として進められてこなかったと考えられる。

しかし、そのような「賢母良妻」「良妻賢母」評価の一方で、教育社会学者の深谷昌志は、これらの言葉は敗戦まではたしかに絶対的とも言えるイデオロギーとしてはたらいていたが、それらはそもそも「明治維新を契機として、欧米の影響を受けて合目的的に造りだされたもの」ではないと言う[8]。つまり、「賢母良妻」「良妻賢母」ははじめから近代国家に女性を効率よくからめとっていくという目的をもって登場したのではなく、はじめは「賢母」「良妻」という言葉通りの含意しかなかったこれらの言葉が、定型表現として広まり、人口に膾炙していく過程で、徐々にその意味や目的が方向づけられ、固定化されていったというのである。

先にも少しふれたが、「賢い母」「良き妻」というありかたそれ自体は、ひとつの好ましい人間像としてある普遍性を持っているはずである。それがのちにイデオロギーとして固定化し、好ましくない結果をもたらすこともあったとはいえ、それらがもともと志向していたことの中には、現在からも評価すべきものがあるのではないだろうか。

そして、下田が『家政学』で「良妻賢母」の語を使ったのは一八九三年であるが、先に見たように、一般に「良妻賢母」の語が登場したのは一八九〇年代になってからである。つまり下田はかなり早い時期からこれらの言葉を使っていたのであり、そうであれば、下田が「賢母良妻」「良妻賢母」やそれらにつながるようなことを説いていたとしても、そこにはこれらの言葉がイデオロギーとして固定化する以前の、下田そのひとの思想・理念といったものが色濃く反映されていると考えられる。

下田が説いたことが、いずれはいわゆる近代的・国家的イデオロギーにからめとられていってしまったとしても、女性である下田が、男性や教科書からの受け売りではなく、幼年時代からの漢学や儒学、日本文学（下田は『源氏物語』の研究者として知られていた。このことについてはさらに後述）などの素養や研鑽に加え、早い時期に欧米留学をはたした経験もふまえ、西洋文化の歴史・社会・経済・国際情勢など幅広い分野にわたる当時最先端の見聞・学識を背景に、この国における女性たちの生きかたを説こうとしていたことを考えれば、現代の私たちはあらためてその思想・理念に耳を傾けてみてもよいのではないだろうか。
政治学者・日本思想研究者である丸山眞男は、過去の思想を研究する際の姿勢について、次のようなことを言っている。

過去の伝統的な思想の発掘を問題にする場合に、われわれはその思想の到達した結果というものよりも、むしろその初発点、孕《はら》まれて来る時点におけるアンビヴァレントなもの、つまりどっちにいくかわからない可能性、そういったものにいつも着目することが必要であります。（「思想史の考え方について」(9)）

丸山は、過去の思想を見るときには、それが到達した「結果」よりもそれがもともと蔵していた「可能性」に着目するべきだ、と言う。「賢母良妻」「良妻賢母」という語を利用したイデオロギーは、結果的に多くの問題を引き起こしていった。しかしこれらの言葉も、その最初の時点では、「アンビヴァレントなもの、つまりどっちにいくかわからない可能性」をはらんでいたのであり、現代のわれわれはその「可能性」に着目することで、過去の思想からより多くのことを学ぶことができるはずである。

以上のような観点から、ここでは、近代日本がスタートして間もない激動の時期、いかに生きていくべきか多くのひとが迷っていた中で、下田歌子という一女性が提示しようとしていた新時代の女性のありかた・生きかたを、下田の著作に内在的に読み解いていってみたい。めざすのは、「「ネガ」を「ネガ」のままに美化したり、排撃したりする」のではなく、「われわれの今日の責任と行動において「ネガ」像から「ポジ」像を読みとる」（丸山眞男「忠誠と反逆」）[(10)]作業である。

「欧化主義」「国粋保存」への反省と「温故知新」

先にも述べたように、下田は一八九三（明治二十六）年から二年間欧米留学し、また、女官時代には学者たちによる天皇や皇后への進講の席にも特別に同席を許されるなど、当時としては最先端の西洋由来の知識を豊富に身につけた女性であった。

しかし下田は、西洋の〝進んだ〟教育・教養を急いで取り入れようとはしなかった。たとえば大正二（一九一三）年の元日付で発行されたその著書『日本の女性』で、下田は、明治の時代、特に「明治の初年から、二十七八年の日清戦争頃まで」を、多くの日本人が「我を忘れて外国の文明に酔うて」、「西洋のものといえば、是も非もなくありがたがって、争うてその顰《ひそ》みに習い、西洋人とさえいえば、甲も乙も丙丁《へいてい》も、みな立派な学者であり、紳士であると思われたような」時代であったとふりかえり、特にその傾向が強かった「明治十七八年から二十三四年頃」は「いわゆる欧化主義時代」であったと言う（『日本の女性』(11)）。しかし当然のことながら、西洋のものがすべて優れているというわけではないし、明治の新しい時代になったからといって、日本人の生活習慣や考えまですべてが西洋風に一新するわけでもなく、外国のものをそのまま移入したところで、日本の風土や日本人の性情には合わないことも多々ある。そこで下田は、いわゆる〈文明開化〉の大波がひとまずは通り過ぎ、日本という国のありかた、そして日本女性のありかたをいよいよ腰を据えて考えていくべき大正というあらたな時代の女子教育に、自分は次のような姿勢で取り組んでいくと言う。

まず古《いにしえ》より今に至るまでの、わが日本女性の長所短所――特に長所に注意し、――を子細に調査研究して、そしてその長所を失わざらしめ、もって新来の外国思想文物の優良なるに混和し補足し、しかも骨子はわが旧来の善《よ》きを採《と》って存立し、皮膚には彼《かれ》新来の美を加えたならば、希《こいねがわ》くは完全に近きところの女性を得ることができるであろうと、ひそかに予期している次第でございます。（『日本の女性』）

明治時代のように西洋由来のものを無反省に取り入れるのではなく、その前に「古《いにしえ》より今に至るまでの、わが日本女性の長所短所――特に長所に注意し、――を子細に調査研究」し、その上で日本に合ったものを輸入することで、「完全に近きところの女性」を育てていきたいと、下田は考えているのである。

だが、その際に「骨子はわが旧来の善きを採」ろう、つまり重要な点は昔ながらの日本式で、という下田の姿勢を、復古的・反動的と見るむきもあるかもしれない。しかしそれについては、下田自身、「むろん時勢が違い気風も変わり、人情風俗にもあまたの変遷をきたした以上、今日の婦人が、昔日の婦人のような行為には、いかに感動したからとて、そのとおりのことをしようとするならば、それは世に言う膠柱《こうちゅう》【融通がきかないこと】の嘲笑《わらい》をまぬがれず、時勢に伴う応用の才がない者と言わるるでありましょう」（同）と、時代が変われば生活や環境をはじめとしてあらゆることが変わっていくのであるから、前の時代の生きかたや考えかたをそのまま保持していこうというのはしょせん無理であること、また、それでは進歩がないということを重々承知している。下田は、従来の日本女性のありかたを無反省に継承するのではなく、それらの「長所短所」を見きわめ、その上で「特に長所に注意し」、それをあらたな時代に賦活させていこうというのである。

下田は明治の「いわゆる欧化主義時代」を否定していたが、と同時に、日清・日露戦争後にその「極端なる欧化主義の反動」が起こり、「日本固有の文明、思想、風俗、習慣にも、またおおいに取るところあるを見て、国粋保存の説が盛んになり、武士道論が鼓吹さるるとともに、婦人界にても、貞女、女丈夫《じょじょうふ》等の伝《でん》がしきりに行われ」たという揺り戻しの時代も、明治のような「創業時代においては、何事《なにごと》によらずとかく極端に走りやすいもの」と言って、よしとしない（同）。

ここで下田が問題にしているのは、東西の思想文物・習慣などの内容やそのよしあしではなく、それらをきちんと検証することもなく飛びついてしまう人心のありかたである。先述のような西洋の学問や文化に触れる機会を得ていた下田は、「新来の外国思想文物」の重要性を誰よりも身にしみて知っていた。しかしそれを急いで取り入れた明治の時代には、たしかに「驚くべき発達慶すべき進歩」があったものの、「ややもすれば欧州文明の真似事に傾き、ただ混乱錯雑漫然として多くの分量を受け込んだまでで、まだまだまったくそれが消化され精選されて、わがものとなっておりませぬ」（同）というのが下田の状況認識である。そして西洋のものを無反省に受け入れてその表面だけの「真似事」に終始するのでは、「かえって生学問のために害を受ける者が多くして、利を得る方がむしろ少な」（同）くなってしまうのであり、それらを「精選」「消化」し、「わがもの」にしてこそ意味があるのだと言う。

その「精選」「消化」をきちんと行うために必須のものとして、下田は国民としての「自覚」ということを説く。

およそ自覚した国民はけっして、外国の勢化にみだりに心酔するということはありませぬ。外国の思想が来ても、文学が来ても、それにただちに感化されて、何らの分別をもなさず、何の批評をもせずして、化せられてしまうようでは、国民として自覚しているものとは申されませぬ。……自覚した国民は、須臾《しゅゆ》にして【たちまちに】悟ります。そして過去の歴史、文学その他の中から、自国の国民性を抽象して、その見地に立って外国の思想文学を批評し、研究して、さて後《のち》取るべきは取り、棄つべきは棄てます。滅多に見るがまま聞くがままを、そのままに取ることはいたしませぬ。さてその自覚の順序として、まず何より、先に自国民の特質を知るのが第一であります。（同）

自分たちにとってプラスになるものを「精選」「消化」するためには、まずは自分が何者であるかの「自覚」、あるいは自分が生まれ育ってきた共同体・社会にどのような特徴があるかの「自覚」を持ち、それらを軸にして、西洋から大量に流入する文物を「分別」

「批評」していかなければならないと下田は言うのである。

たとえば、一九三三（昭和八）年に発刊された『婦人常識訓』の第一章は「現代婦人の覚悟」と題され、この冒頭で下田は、本書では「実に容易ならぬ多事多難の時代」であるこの時代を生きるための「現代婦人の覚悟ということ」を考えよう、と言う。が、「実際のところ現代にいて現代を知るということが一番難しいこと」だとして、「いわゆる現実というものの正しい認識は、現代を作り上げてきた今日までの過去を正視して、その意義と教訓とを十分に味わうことから始まらねばならぬ」（『婦人常識訓』）と述べる。そして、「まず古代より現今に至るまでの婦人の地位をざっと調べ掲《かか》げて、参考の一端と」しようと、伊弉那美命《いざなみのみこと》、天照大神といった「上古婦人」についての検討からはじめるのである。

この第一章の各節はこのあと「一　上古婦人の位置は如何《いかん》」「二　中古婦人の位置は如何」「三　近古婦人の……」と続き、「四　現代婦人の位置は如何」「五　時代の要求する婦人」で当時の時代分析とそこでのあるべき女性像が語られたあと、ようやく「六　現代婦人の覚悟」が説かれるという構成になっている。こうした〝故《ふる》きを温《たず》ねて新しきを知る〟という温故知新の姿勢を意識的に採用して、上古以来、女性たちがいかなる役割をはたし、そして男性との関係がいかなるものであったかを史料に即して見ていきながら、これまでのこの国における「婦人の位置」がどのようなものであったかを確認し、それをもとに、現代のひとびとの生きかたを考えていこうというのである。

とはいえ、くりかえしの確認になるが、下田は「極端なる欧化主義の反動」としての「国粋保存の説」も否定していたのであり、古い時代の女性のありかたに戻れ、とは、けっして言わない。

普段私たちがその違いをあらためて意識することはほとんどない「文化」と「文明」の語は、共に明治翻訳語である。「文化」は culture の翻訳語で、特定の場や時代において cultivate（耕《たがや》）され、収穫され蓄積されてきたものという意味であり、一方 civilization の翻訳語である「文明」は、civil（市民）が自然状態、野蛮状態を制御・コントロールすることによって得られてきたものである。つまり、地域性・時代性が重視される「文化」に対し、「文明」は全人類的な進歩という意味合いが強く、エジプト文明、中国文明などという言葉はあるものの、今現在「文明」という言葉が指すのは主に近代ヨーロッパ文明のことで、それは全人類の普遍性という名のもとに、他の多様な文化を、ひとつの形態に均《なら》そうという傾きを持つものである。(12)

明治のいわゆる「文明開化」の時代――下田が言うところの「極端なる欧化主義」の時代――は、まさにこのような近代ヨーロッパ「文明」の普遍性に日本も同化しようとしていた時代であり、それはつまりそれまでの日本の「文化」を否定しようという動きでもあった。しかしその後、その「反動」として「国粋保存の説が盛んにな」った時代というのは、反対に「文明」を否定し、「文化」に走った時代と言える。このように明治以降、日本はずっと「文明」と「文化」の間で、そのいわゆる「近代化」が推し進められてきたのである。下田は明治の終わりまでにそうした問題にいち早く気づき、「文明」と「文化」のバランスをとり、両者のよい点をうまく合わせながら、女性たちのありかた・生きかたを考えていく必要性を説いていたということができるだろう。

不完全な男と不完全な女

このように、現代の女性のありかた・生きかたを考えていく準備作業として、「まず古《いにしえ》より今に至るまでの、わが日本女性の長所短所——特に長所に注意し、——を子細に調査研究」(『日本の女性』)することを重視した下田が著した女子向け歴史教科書では、日本の国の歴史が次のように書きはじめられている。

太古、伊弉諾《イザナギ》・伊弉册《イザナミ》の二神ありて、此国《このくに》を開き給へり。これ、我が国初の歴史上、深く注意すべき事なりとす。かの欧洲最古の歴史に、神、先、アダムといふ男子を作りて、後に、イ、ブといふ女子を造れりとあるが如くならず。我が国は、最初より、伊弉諾・伊弉册の男女の二神の開き給ひたるものなり。これ、太古にありては、男女の神もろ心に、いそしみ給ひたるにぞあるべき。（『女子日本歴史教科書』）

太古の時代に、イザナギとイザナミの二神がいて、この国をお開きになった。これは我が日本国の歴史のはじまりにおいて、深く注意すべきことである。これは、ヨーロッパ最古の歴史に、神が最初にアダムという男子を作り、その後にイブという女子を作ったとあるのとは異なる。我が国は、最初から、イザナギとイザナミの男女の二神がお開きになった国である。これは、太古の時代に、男女の神が心を合わせて、努力なさったということに違いない。

男性であるアダムがまず創られ、のちにそのあばら骨の一部から女性であるイブが創られたと語る『旧約聖書』と比較し、日本という国の歴史が、「男女の神もろ心に、いそしみ給ひたる【男女の神が心を合わせて、努力なさった】」ことからはじまったことが、その後のこの国における男女のありかた、女子の位置を決定づけたと下田は見ている。『古事記』の記述では、男性であるイザナギと女性であるイザナミは、共にこの世界に自然と登場（「成れる」）してきており、そのタイミングも男女の間に大きな差はない。いわば男女は等根源的で、そのような両者が相助《あい》け、協力して、最初はきちんとした形になっておらず、浮いた脂のような状態でくらげのようにフワフワ漂っていた（「浮きし脂《あぶら》の如《ごと》くして、海月《くらげ》なす漂へる」）この日本国（「葦原中国《あしはらのなかつくに》」）を整備していったのであり、それがこの国における男女のありかたのひな型であると下田は言うのである。

そして、そうであれば、男尊女卑の風は、少なくとも上古の日本では一般的なことではなく、「日本上古の思想に表れた婦人観は驚くばかり公平で、婦人に対してきわめて寛大であり、婦人もまた安《やす》んじて各自の個性を発揮し」（『日本の女性』）ていたのであり、たとえば女神である天照大神《あまてらすおおみかみ》が「わが皇室の御祖神として斎《いつ》き崇《あが》め奉ら」れているなどのことを、その傍証として下田はあげている。

ところで、『古事記』のイザナギ・イザナミによる国作りの記述に見られる男女の関係に関して一般によく言及されるのは、二神が国や島を生もうとする際に、天之御柱《あめのみはしら》の周りを回りながら、女神（イザナミ）の方が先に「あなにやし、えをとこを【すばらしい男であるよ】」と声をかけ、その後に男神（イザナギ）が「あなにやし、えをんなを【すばらしい女であるよ】」と声をかけたところ、その結果生まれた子が好ましくないものであったという場面である。(13) これが失敗であったので、天《あま》つ神【天の神】の言葉にしたがって、男神が先に声をかけ、その後女神が声をかけるという順序でやりなおしたところ、今度は好ましい子が生まれたという。この記述に、基本的に男が先で女はそれにつきしたがうべきであるという古代の男女観を見るのが下田の時代においても一般的であったが、下田の解釈はそれとは異なっている。

女神がまず進んで言《こと》あげ【言葉に出して言うこと】して生みたもうた御子《みこ》が不良で在《おわ》しましたので、男女の神は、ともどもにいかがしたらよかろうと御協議の上、天神の御許《みもと》に在《おわ》しまして【参上して】、御旨《みむね》を伺《うかが》わせて【お考えをお伺いになって】、さて後《のち》に、男神は女神に先立ちて言あげするが善《よ》かろうとて、言い改めたもうたのでありま す。かくして、男神が女神に先立たれたのを、女神もよろこんで御承諾になったものと見えます。すなわち男神のかように仰《おお》せられたのが、男女の分を定めたもうたのだと言うてあります。……

が、伊弉諾尊《いざなぎのみこと》が初めに唱えられて、次に伊弉冊尊《いざなみのみこと》が唱えられたところを見るのに、いずれも同じ語であります。それから御柱《みはしら》を廻らるるにもまた同様で、女神の方が男神の方より、やや遅れたというに過ぎませぬ。いわば男子と女子とは雁行《がんこう》【雁が飛ぶときのように斜めに並んで進んでいくさま】のありさまであったろうと思わるるのであります。そして、この男女の神は倶《とも》に謀《はか》り、共《とも》に助けて、森羅万象を造られたと言い伝うるではありませぬか。

この時代の男女間には著《いちじる》しい隔絶はなく、何事をするにも、男女ほとんど同等のありさまであって、ただ女子の方が、おのずから男子の傍《かたわ》らに付き添うて事《こと》を行《おこな》ったというようなありさまであった。

（『婦人常識訓』）


男神の方が先に言《こと》あげしたといっても、男女の神が発した言葉は「いずれも同じ語」であって、そこに男女の根本的な区別・差別は見られない、そしてその男女のわずかな時間の先後があらわすのは、そこで「男女の分」が定まった、つまり男女それぞれがなすべきこと、それぞれの役割分担――「夫《ふ》唱え婦《ふ》従うの道」（『女子日本歴史教科書』）――が決まったということであって、それは男女の尊卑とは別問題である、というのが下田の考えである。下田が『古事記』の国作りの記述から読みとったのは、ここで「夫唱え婦従う」という「男女の分」が定まったということ、そして、その「男女の分」にしたがいながらも、男女が「倶《とも》に謀《はか》り、共《とも》に助け」るというのが、この国における男女のあるべきありかたとなったということであった。

しかし「倶に謀り、共に助け」るにせよ、なぜ、「男女の分」は「夫唱え婦従う」と、男性が主導するかたちなのか。このことに関して、先の文章に続けて、下田は次のように述べている。

この時代の一般の考えには、女子は賤《いや》しいものだとか、女子は男子に従って、生殺を男子の手に任《ま》かすべきものだとかいうことは、けっしてなかったので、ただ女子は男子よりも繊弱《かよわ》いから、男子はその繊弱《かよわ》い女子を助くるを男らしい行為と信じ、女子はまた雄々しい男子に助けらるるが、女らしい至当のことだと思うたくらいのものであったようです。（『婦人常識訓』）

男女の体質・性質の違いのために、自然と「女子の方が、みずから男子の傍《かたわ》らに付き添うて事《こと》を行」うようになり、それがたがいにとって「至当のこと」であったがために「男女の分」となっていった、というこの上古における男女観理解を下敷きに、下田は（下田にとっての）現代の男女のありかた・生きかたについて、次のように述べる。

なにゆえに男と女とが世にあるかと言わば、それは男のすべきことと女のすべきことが、この社会の中にあるからだ、と申して差し支えはありますまい。

そうすれば、人間社会の一切のことは、男と女とが分業的に働いて、始めて完全に

なるのであります。（同）

下田がこのように述べる根底にあるのは、見てきたように、『古事記』の国作りにおける男女の神のありかたである。そもそもこの世界に登場（「成れる」）してきた時点で、女神であるイザナミは「成り成りて成り合はざる処一処《ところひとところ》あり【なってなってきたけれど、きちんとなりきっていないところが一箇所ある：女性器のこと】」、男神であるイザナギは「成り成りて成り余れる処一処あり【なってなってきたけれど、なり余ってしまったところが一箇所ある：男性器のこと】」と、男女は共に出来損ないの不完全な存在であった。そのような不完全な者同士だからこそ、相補《あい》い、協力する――「この吾《あ》が身の成り余れる処をもちて、汝《な》が身の成り合はざる処にさし塞《ふた》ぎて、国土《くに》を生み成さむ【この私の体のなり余ってしまったところで、あなたの体のなりきっていないところをさしふさいで、国を生んでいこう】」――ことではじめて、日本という国は形づくられていったのであり、男と女のどちらが欠けても、この国は十全に成立することはできなかった。男女は根本において、等根源的であり、同等かつ相補的関係にあると、下田は捉えていたのである。

家政という「内政」

以上見たような古代における男女観を前提として、下田は現代における男女それぞれの役割を以下のように説明する。

男女の分業は……一言にしてその概要を申しますれば、男は進取的（ある意味においては積極的）の方面に向かい、女は守成的（ある意味においては消極的）の方面に向かうことであります。これはただ仮定して言うわけではありませぬ。女子の体質、女子の精力、女子の特徴などから考えてきた結果で、自分が申すまでもなく、誰しも承知していることでありましょう。(14)（『婦人常識訓』）

男が「進取的」「積極的」な面でその役割をはたすのに対し、女は「守成的」「消極的」なことをすべきであると下田は言い、その具体的な内容について次のように説明する。

女子の第一の事業は、その家庭を修めなすことであります。なぜならば、これはしばしば申したとおり、婦人の天賦の職務だからであります。本来出産育児というような婦人独特の務《つと》めがあり、かつ家庭の経済は、消極的の方面が多く、家族相互の間は、知識で処断するよりは、感情によって円満にまとめるべきものでありますから、何としても婦人の力に俟《ま》たなければなりますまい。（同）

女性がなすべき仕事の第一は「家庭を修めなすこと」、つまり家政であると下田は言う。それは、「分業という点から見る時には、女子には先天的にある意味の職業が与えられている。それは家庭の整理をなし、子女を産みかつ育てることであります。これは女子の一大特徴であって、またその特権であります。女子は天からこの大命《たいめい》を受けて生まれてきたのであります」（同）とも言っているように、女性のみに与えられた出産・哺育という能力が前提とされていることはむろんであるが、それだけでなく、ここで「消極的の方面が多」いと語られる「家庭の経済」は、つまり、ほぼ決まった収入に対して支出をいかに抑えてやりくりしていくかが肝要であり、利益・収入を増やす（「進取的」「積極的」）能力に長《た》けている男性たちに対し、女性にはそのような「守成的」「消極的」な点に長けているひとが多いということ、あるいは、家族間の人間関係をうまくやっていくためには、合理的に「知識で処断する」よりは、各人の状況や微妙な感情の機微を察知しながら「感情によって円満にまとめる」ことが必要であるが、その点では女性たちのほうがより力を発揮することなども含め、下田は女性の第一の仕事を家政と考えているのである。

このように、男女の体質・性質の違いをふまえて、家政・育児を女性が受け持つべきであるとする下田の説は、当時「賢母良妻」「良妻賢母」を唱えていた者たちが主張していた「男女同等」論と重なってくる点も多い。たとえば一九〇二(明治三十五)年、当時の文部大臣・菊池大麓は、大日本婦人教育会における演説で次のように述べている。

男女同等という言は実に至当なもので、男子であるがゆえに尊く、女子であるから卑《いや》しいということはないはずでございまする。……男女はたがいに相《あい》補助すべき者で、男子にはその本分があり、女子には女子の本分があるから、各自区別を立てて互いに自身の本分を守るようにしていきたいと思う(15)。

このような「男女同等」論を、小山静子は「たとえ抽象的には国民として男女は同等だといえるとしても、実質的にはまったく同等といえるようなものではなかった」と言って、次のように批判する。

なぜなら一つには、男が携わる職業などの社会的役割つまり生産労働は、女のになう家庭内役割つまり再生産労働に対して、明らかに経済的に優越しているからである。したがって、この厳然たる社会的事実が存在する限り、両者は対等の分業とはいえず、現実には、家庭内で女は男に経済的に依存し、それがために第二次的存在とならざるをえない。

そして二つには、家事・育児も国家にとって有用であるといっても、男が職業や兵役を通して直接的な国家への貢献を行うのに対して、女が「優秀な」子を育て、家を守り、内助に尽くしても、それは子や夫を通しての間接的な貢献でしかないからである。このような意味で女は、家庭においても、国家においても、男に対して第二次的存在だったといえよう。

（小山静子『良妻賢母という規範』(16)）

このような批判は、菊池のような「男女同等」論者たちに対する有効な反駁ではある。が、そもそも下田は、女性が主に活動する家庭という場を、国家に従属する「第二次的」場として見てはいなかった。

下田はその著書『家政学』の中で、「家事内政」を「婦女、生涯の本分」と言い、その家政に関するさまざまなこと、女性が家庭を切り盛りする上での具体的なノウハウを事細《ことこま》かに示しているが、その本文の書き出しで、女性が取り仕切るべき家政のさまざまなことがらの根幹にあって、まず理解しておかなければならないことについて、次のように述べる。

家政の要は、秩序に在り。秩序、爰《ここ》にたちて、始めて、百般の事物、其《その》正しき軌《げつ》道を行かん。されば、家政は、恰《あたか》も、国家の政事に異ならず。其《その》主宰者、この整然たる秩序を、乱すこと無ければ、室《しっ》家《か》、粛然として、静寧に治るを得べし。故に、之を、家政とは云ふなり。（『家政学』）

家政の要《かなめ》は秩序にある。家庭が秩序立ってはじめて、あらゆることが正しい道を進むのである。そうであれば、家政というのは国政と同じである。それを取り仕切る者が整然とした秩序を乱すことがなければ、家庭はおごそかに整い、やすらかに治まる。ゆえに、これを家政というのである。

家政とは、家庭の秩序を整えることであり、秩序を整えるというそのことにおいては国政となんら変わることがないと下田は言う。それどころか、家庭の秩序が整ってはじめて世界の万事が正しく進んでいくのであるから、主に男性が取り仕切っている国政よりも、より根源的で欠くことのできない「政事」であるとも言える。下田が本書で「家政」を「内政」とも言っているように、まさにそれは家という「内」の「政《まつりごと》」なのである。そして、「家政の事は、その執《と》る所、極めて、卑近にして、其《その》績の顕《あらは》る、所、少きに似たれど、其《その》本分を尽すに於いては、男子の、国事に勤むると、敢《あへ》て、異なる所なし。且、男子の、専心鋭意、能《よ》く、公務に竭《つく》すを得て、内顧の虞《をそれ》なからしむるは、偏《ひとへ》に、婦人齊家《せいか》の功にして、齊家は、実に治国の基《もと》なり【家政に関することはとても卑近で、その結果は外にあまりあらわれないようだが、女子が家政に本分を尽くすのは、男子が国事につとめるのとまったく同じである。また、男子が公務に集中して、家のことをかえりみずに済むのは、ひとえに女性が家を整え治めた功績であり、家を治めることは国を治める基礎である】」(同)とも言っているように、家政の成果は目立つものではないかもしれないが、それこそが、実は、国政という大きないとなみをささえていると下田は考えているのである。

また、特に出産・育児については、「女は、殊《こと》に、この家の血統を繋《つ》ぎ、この国の元気を受け嗣《つ》いでゆかねばならぬ、子というものを胎内より預り、そして、その子が、無我無邪気なる幼少の頃に、一番親しく、一番多く接近している」(『女子の心得』[17])、「家庭の教育の中心は、実に母の慈愛とその感化であります」(『婦人常識訓』)と言うように、社会において華々しく活躍するひとびと――特に男性――も、まずは家庭で生まれ育ち、母親におおいに感化されて社会に出ていくのであって、その意味で女性は「家庭の徳の基礎となるべき身」「道徳の淵源たるべき女子」（『女子の心得』）とも言われるべき存在であると下田は述べる。

このように、「国家の基《もとい》も、社会の礎《いしずえ》も、みな家庭から成るのでありますから、家庭を治め、家族を理《おさ》むることは、すなわち、国家社会の基礎を作るのでありまして、考えれば考えるほど、婦人にとって重大な責任であると申さなければなりませぬ」（『婦人常識訓』）と、下田は女性が担うべき家政という仕事の重要性を強く主張する。

女性が主な担い手となり、その全般を取り仕切ってきた家政は、下田にとって、けっして男性の仕事に劣るものではない。たしかに国家に対するはたらきは「間接的」ではあっても、実は家政こそが国家を根底で支えているのであるから、それを「第二次的」と言うのはあてはまらない。「家」「内」とは女性がそこに閉じ込められる場ではなく、社会や国といった「外」へと開き、それらを根底で支えるところの場なのである。

「一般の婦人に向かって望むところ」——女子教育者として

このように下田は女性がなすべき仕事の第一を家政とするが、第二の仕事として次のようなことをあげている。

第二、婦人は国家社会のすべての方面を円滑に運行せしめるところの、趣味の源泉たるべきものであります。……男子がつねに外界の事業に従事して、頭脳を使役し体力を尽くし、ほとんど空漠無趣味の人となろうとする時に、婦人の優美温雅なる慰藉内助によって、その精気を復活することは、さながら重病者が仙薬を得たようであると言われております。社会に対しての婦人の勉《つと》めは、実にこの慰藉と愛情と趣味とでありましょう。

（『婦人常識訓』）

男性たちが「外界の事業に従事して」疲弊し、「ほとんど空漠無趣味の人になろう」というときに、家に帰って、その優しさ、温かさに接することで、ふたたび人間らしさを取り戻していくという、女性たちのこの「慰藉と愛情と趣味」が発揮される場は、家庭内にかぎらない。

この慰藉によって生きるものは、ただに男子のみでありませぬ。婦人もまた婦人によって助けられることがずいぶんあります。患者は婦人の手に看護せられて助かるものがたくさんあります。貧者は婦人の同情によって蘇生の思いをするものもずいぶんあります。ゆえに婦人の事業は、社会事業をもってもっとも適当とすべきでありましょう。現に国家および社会の円満なる調和は、大部分婦人の手によって、維持されていると申しても差し支えないでありましょう。（同）

下田はたとえばナイチンゲールのような看護師、慈善・福祉事業等の「社会事業」など、女性たちがその能力を活かして家庭の外ではたしている役割も、家政同様に評価しているのであり、つまり、本章冒頭で見た「婦人は婦人として自分の特長を発揮して、陰に国家に尽くせばよろしい」（同）という発言も、女性たちを家庭内に閉じ込めようという考えからではなく、女性たちが「婦人として自分の特長を発揮」できる場面を考えてのことなのではないだろうか。

この「婦人として」の「自分の特長」ということについて、下田は次のようにも言っている。

女子の勝《まさ》っているところは、感情の方面であります。世界に種々のことを作り出し、かつこれを活動的に進展せしむる方面ではなくて、世界を美しく飾り、かつそれを温め育ててゆく点は、男子の遠く及ばぬところでありましょう。彼《かれ》【男性のこと】が大きな事業をして、活発に行動する代わりに、是《これ》【女性のこと】は綿密な事柄を一歩一歩と怠らずに進むのであります。進んで取る方面は男子の長所とするところであって、退《しりぞ》いて守る点は、女の得意とするところであります。社会のことは、すべてこの積極と消極との二方面がなければなりませぬ。この二方面は、いずれも必要であって、どちらが勝りどちらが劣るということはけっして申されませぬ。ただ積極の方面は、進んで取るのでありますから、外《ほか》から見れば、なんとなく花やかで立派に見えます。けれども百般のことがただ積極ばかりで、退いて守る方面がなくては、これまた何の役にも立たなくなるのです。要するにこの両方面をそれぞれ引き受けていく者があるので、始めて社会の事業が立派にできるわけではありますまいか。（同）

知識や理性と言った面で長《た》けている男性たちが、その能力を活かして社会を活発に牽引していく――つまり「積極」「進んで取る」――方面で活躍する一方、女性の多くはその特長である「感情の方面」を活かして、「世界を美しく飾り、かつそれを温め育ててゆき、「綿密な事柄を一歩一歩と怠らずに進む」――つまり「消極」「退《しりぞ》いて守る」――方面でその能力を発揮する。男性ばかりでなく、女性がきちんとその能力を発揮してこそ、

「この両方面をそれぞれ引き受けていく者があるので、始めて社会の事業が立派にできる」と言う下田は、女性たちが男性とは違うその能力を十分に発揮することの意義をきわめて積極的に捉えているのである。

しかし下田は、女性ならばみなそうしなければならないと言っているわけではない。「この広い社会には、例外ということは是非許さなければなりますまい」（同）とくりかえし述べる下田は、女性でも知識や理性の面で秀でているひとは、男性と同じような仕事に進出していってもよいと言う。女子が学問をすることに関しても、「ある学者のごときは、女子の高等教育は、絶対に不可能だと言っておりますが、それはあまりに偏した議論ではありますまいか。現に欧米各国はもとより、日本の古代にもずいぶん立派な学者として立っている婦人が少なからずありましたし、近来になりては、女子の学士はもとより、博士すらも徐々出来《でき》てまいりました。それは特に優秀な女性でもあろうし、また、学士、博士になるにも、女性だからという手加減もあるからだろうと申す人もありますが、これまたちと酷評であろうと存じます。人により場合によって、高等な学問もけっして不向きとは申されますまい」（同）と、女性たちの潜在能力を認め、門戸を開くことを求めてもいる。そして、その上で下田は、あらためて、「一般の婦人に向かって望むところ」を説いているのである。

先に述べたように、そもそも、下田の著述のそのほとんどは、生徒・学生をはじめとした女性たちに向けて語られたものであった。下田はその著述で学問的論争に勝つことをめざしたのではなく、女子教育者として、女性たちにこれからの女性のありかた・生きかたを示そうとしていたのである。

しかし、現実を見れば、明治・大正と時代が進んでいっても、この日本において多くの女性たちの置かれている状況はけっして楽なものではなかったはずである。そうした中でも、明治の終わりごろになると、与謝野晶子や平塚らいてうといった「新しい女」と言われる女性たちも登場してくるのであるが、しかし、そのような生きかたを選ぶことができるだけの環境・実力に恵まれた女性はほんの一握りに過ぎなかった。そうであるならば、女性たちが置かれ、そして容易には逃れることができないその現在の状況を否定するばかりではなく、その中にある肯定――それはむろんただの方便ではなく、過去のひとびとも肯定してきたもの、そして現に肯定されてしかるべきもの――を掘り起こし、女性たちが自分たちが与えられた条件の中で、自信と自負を持って豊かに生きていくことを望んで、下田は女性たちがはたしている役割がいかに大切であるかを説いていたと見ることもできるのではないだろうか。

下田は次のようなことも言っている。

欧米諸国の女権論者《フエミニスト》などは、女子は何事にも、男子より下位扱いにせらるべき理由がない、ただ男子に養われているから、頭が上がらないのである。それゆえに、女子が男子と同等の権利を得るためには、女子は男子に養われなくともよいように、自分がそれぞれ、男子に譲らぬ立派な職業を持つがよい、というような議論をするのであります。……自分の考えによりますれば、女子は男子の下位に立つと言っているのがそもそもの間違いではありませぬか。下位に立つのではなくして前にも申したとおり、自分の任務が家庭の方面にあるのであります。……もし強いて理論をつけようというならば、男は上位、女は下位などとその区別を上下に取らないで、やはり陰陽すなわち、男子は表、女子は裏と言いたいと存じます。ちょうど昼夜帯《ちゅうやおび》【表と裏を異なる布で仕立てた女帯】の表へ出たところが男、裏すなわち内になったところが女であって、どちらも大切有用である。そして内になっている部分もある箇所は外に顕《あらわ》れていて、外になったところもある箇所は隠れているようなものであると言いたいと存じます。つまり男子の方が、多少表へ多くあらわれており、女子の方が多少少なくあらわれているというくらいな程度、と見たらよいではありますまいか。

（同）

男女の役割・労働を「上下」という価値判断ではなく、それぞれのあらわれかたの違いとして見るべきであると、下田はくりかえし述べる。

女子が男子の奴隷になるなどと考えるのは、考える人が悪いのです。前にも申したとおり、女子と男子とが、互いにその部分部分の分業をするのであります。ですから女子が男子の助けを借らなければならぬとおりに、男子はまた女子の助けを受けなければなりませぬ。互いに助け合って社会に活動するので、女子と男子とは主従のような関係ではむろんなくて、異体同心であります。……夫と妻と異体同心である、頭胴手足といちいちに別《わ》けて、これが主でこれが従であるとは言えないように、夫婦間もいずれが主、いずれが従、など言うことはできませぬ。ただ勉《つと》むる方面が違うだけでありますから、これをもって自由を奪われるというよう考えを持つのは、大なる誤解でありましょう。（同）

とはいえ、むろん、下田のような男女関係の見方が必ずしも正解というわけではない。たとえば前節で引いた小山静子の「男が携わる職業などの社会的役割つまり生産労働は、女のになう家庭内役割つまり再生産労働に対して、明らかに経済的に優越している」というような「厳然たる社会的事実」の客観性に立った論に対して、下田の議論がこれ以上の有効な反論を用意することは難しいだろう。

だが、くりかえしになるが、下田がめざしたのは、たとえつらい状況にあろうとも、女性たちが自信と自負を持って生きていけるような言葉を届けつづけるという、女子教育者としての役目をはたすことであったはずである。そして明治〜昭和初期の時代には、実際に多くの女性たちが下田の言葉に勇気づけられ、下田の描く女性像をめざして研鑽を積んでいった。

倫理学者の和辻哲郎は、「婦人の教養について」と題した断片・メモに、次のように書きつけている。

> 母および妻は女が人間として己《おの》れを完成する最も重大な方法にあらずや。……我々が最もよく人間たるは、我々の特殊の地位、個性、性の差別、職業等をそのままに、その生活を通じてなし得《う》るなり。それらを脱することによって「人間」たりと思うは、足、地下を踏まざる空想なり。……(良妻賢母を目ざして、妻あるいは母としての特殊の仕事を教え込んでも決して良妻賢母は出ぬ。良妻賢母はよき人間の特殊的具現で、根柢なくしては出ない)。
>
> (和辻哲郎「婦人の教養について」[18]。傍線原文)

人間はみな、女、日本人、家柄、時代……等々、各人が「特殊の地位、個性、性の差別、職業等」さまざまな条件を背負って生まれ、生きている。それらはときに人生の障壁になることもあるかもしれないが、それらの条件を否定したり抜け出ることばかりが「よき人間」になるための道ではない。それらを引き受け、たとえば「良妻」や「賢母」というそのよりよいありかたをめざすことで、私たちは結果的に「よき人間」になることができるのである。

下田もまた、日本女性としての特殊なありかた・生きかたを通して、世界・人間という普遍へとつながっていくことをめざしていたのではなかろうか。

箸置を用意する女性

研究者としての下田がもっとも力を注いだのは、幼時から憧れつづけた『源氏物語』の研究であった。下田の『源氏物語』講義は早稲田大学における坪内逍遙のシェイクスピア講義と並ぶ名講義と言われ、武田祐吉や折口信夫といった碩学も聴講したという。その講義において下田が重視したことは、著者紫式部の思想に寄り添うことであった。

下田は、女性の特徴のひとつとして、男性よりも「同情」「同感同情性」にあふれていることをあげているが（『女子の心得』）、そのようなこともふまえて、女性である自分が『源氏物語』を研究することの意義について、「同性の間には、その思想感情において男性には解しがたきものも、陰然【表面にはあらわれないさま】相《あい》通ずるところがあるために、千年昔の情の琴線に触れることも、おのずからできうるであろうかと信ずる次第である」（『源氏物語講義　首巻』）[19]と述べている。この言葉には、自身が紫式部と同じ女性であり、そして「同感同情性」にあふれる女性だからこそ、紫式部の心に寄り添い、男性の視点からはなかなか見えてこないことをあきらかにできるであろうという、女性が学問をすることに対する自信と自負が透けて見える。

女性だからこそできることがあり、そのことを誇りに思い、大切に生きる――。下田の女子教育論の基底にあるこうした自負と誇りは、下田が作った実践女子学園の卒業生でもある向田邦子の、次のような短い文章を思い起こさせる。

物を書くのを仕事にしている女友達が、四十をだいぶ過ぎてから遅い結婚をした。連れ合いのひとも苦労人で理解があり、子供もないことだし彼女は仕事と家庭の両方を、はたから見ていても、なかなかみごとに切り回していた。

三年ほどたって、彼女は仕事を少しずつ減らして、少しゆっくり暮したい、と言い出した。能力のあるひとだったから惜しいと思い、引きとめるようなことを言ってしまったのだが、この時の彼女の言葉は、私の胸に刺さるものがあった。

「箸置も置かずに、せかせか食事をするのが嫌になったのよ」

私はひとり暮しだが、晩ご飯だけは箸置を使っている。だが、夕刊をひろげながら口を動かしたりで、物の匂いや色をゆっくり味わうことはめったにない。これでは何にもならない。

ときどき箸を休めながら食事をする。それが人間の暮しだと言われたのである。

（向田邦子「箸置」[20]）

夫も理解してくれているし、仕事と家庭も両立できている。それでもこの女友達が仕事を減らすことを選んだのは、この家を〝箸置を使う家庭〟にすることができるのは自分だ、という、女性としての自負と誇りがあったからではないだろうか。そして向田の時代から数十年の時間が経って、はじめに紹介した〈女性リーダー〉の、「自分ではむしろ〈良妻賢母〉だと思っている」という発言にも、この女友達の心情と通じるものがあるように感じられる。

箸置を用意する女性たちが感じる、ほんのわずかな心の高揚と、今までの女性たちが積み重ねてきたものに憩《いこ》うやすらぎ――。「分業という点から見る時には、女子には先天的にある意味の職業が与えられている。それは家庭の整理をなし、子女を産みかつ育てることであります。これは女子の一大特徴であって、またその特権であります」(『婦人常識訓』)という下田の言葉は、そういう女性たちの気持ちを静かに教えてくれているように思う。

(1)「平民新聞」は一九〇七(明治四十)年二月から二ヶ月間、「妖婦下田歌子」と題して下田についての醜聞を連載し、「妖婦」という下田のイメージが世間に広まった。近年もこの記事をヒントに、志茂田景樹『花の嵐――明治の女帝・下田歌子の愛と野望』(PHP研究所、一九八四)、林真理子『ミカドの淑女《おんな》』(新潮社、一九九〇)、南條範夫『妖傑下田歌子』(講談社、一九九四)等、野心家としての下田を題材とした著作が出版されている。
(2)『国のすがた』。三島通庸名義で刊行された。
(3)新編下田歌子著作集『婦人常識訓』三元社、二〇一六。なお、以下下田の著作の引用では、表記を適宜あらためた。
(4)山崎明子『近代日本の「手芸」とジェンダー』世織書房、二〇〇五

（5）小山静子『良妻賢母という規範』勁草書房、一九九一
（6）「男子の外を治め、女子の内を守ることは、真《まこと》に、天賦の職分なれば、女子たらん者は、たとひ、万巻の書を読み、百科の学に通じ、各種の芸に長《た》けたりとも、一家の事を理《をさ》むるに拙く、内助の功無からんには、決して良妻賢母とは、称す可《べ》からず。」（下田歌子『家政学』上・下、博文館、一八九三）
（7）岩見照代「解説」（下田歌子『家庭』ゆまに書房、二〇〇〇）
（8）深谷昌志『増補　良妻賢母主義の教育』黎明書房、一九八一
（9）『丸山眞男集』第九巻、岩波書店、一九九六
（10）『丸山眞男集』第八巻、岩波書店、一九九六
（11）下田歌子『日本の女性』実業之日本社、一九一三
（12）「文明」と「文化」については、村上陽一郎『文明のなかの科学』（青土社、一九九四）参照。
（13）『古事記』の引用は岩波文庫『古事記』（一九六三）に依り、適宜表記をあらためた。
（14）下田は「頭脳、智力、体力など」の男女差について、「その長所と短所とは、どうも両性について、たしかに区別があると信じます」（『婦人常識訓』）と言うものの、その優劣を述べることには慎重である。また、男女の脳力、思考方法の違いについても、「自分は専門の学者でありませぬから、生理学者の言によるのほかはありませぬが、生理学者は、

男子と女子とは脳の組織、重量などにおいて著しく異なり、また部分的の発達においても異なると言っております。（ある一部の議論では、それは従来の習慣が男子と女子と異なっていたからで、養成の方法によっては、女子も男子と同じようになると申しますけれども、それはまずそうした実際の結果を見なければ、遺憾ながら、どうもにわかにそうだと断定することはできませぬ）」（同）と科学的知見をふまえながらも慎重な姿勢を崩すことはせず、思い込みや偏見などはできるかぎり排除し、経験則や男女の体格差など確実な事象のみから話を進めるようつとめている。

(15) 田所美治編『菊池前文相演述九十九集』大日本図書、一九〇三。表記は適宜あらためた。

(16) 前註5

(17) 下田歌子『女子の心得』冨山房、一九〇四

(18) 『和辻哲郎全集』別巻二、岩波書店、一九九二。表記は適宜あらためた。

(19) 下田歌子『源氏物語講義　首巻』実践女学校出版部、一九三四

(20) 向田邦子『夜中の薔薇』講談社、一九八一

第五章　「仕合わせ」と「幸せ」の生
——中島みゆき『糸』と西原理恵子『ものがたり　ゆんぼくん』

「仕合わせ」と「幸せ」

なぜ　めぐり逢うのかを
私たちは　なにも知らない
いつ　めぐり逢うのかを
私たちは　いつも知らない
どこにいたの　生きてきたの
遠い空の下　ふたつの物語

縦の糸はあなた　横の糸は私
織りなす布は　いつか誰かを
暖めうるかもしれない

なぜ　生きてゆくのかを
迷った日の跡の　ささくれ
夢追いかけ走って
ころんだ日の跡の　ささくれ
　こんな糸が　なんになるの
心許なくて　ふるえてた風の中
縦の糸はあなた　横の糸は私
織りなす布は　いつか誰かの
傷をかばうかもしれない

縦の糸はあなた　横の糸は私
逢うべき糸に　出逢えることを

人は　仕合わせと呼びます
（中島みゆき『糸』）

一九九二年に、中島みゆき（一九五二〜）のアルバム「ＥＡＳＴ　ＡＳＩＡ」の最終曲として発表された『糸』。当初はあまり知られていなかったこの曲は、二〇〇〇年代以降ゆっくりとひとびとの間に浸透し、中島みゆきの代表作とされるまでになった。多くのアーティストによってカバーされ、ＣＭなどでも使われるこの曲を、どこかで耳にしたことがあるひとも多いだろう。

「なぜ　生きてゆくのかを／迷」い、「夢追いかけ走って／ころ」び、「こんな糸が　なんになるの」と自問する日々を経た「私」が「あなた」とめぐり逢う――。この歌は「逢うべき糸に　出逢えることを／人は　仕合わせと呼びます」という最後のフレーズへと集約していく、ひとりの女性の物語である。

つまり、この歌の主題は、「逢うべき糸に　出逢える」という「仕合わせ」である。が、中島みゆきはなぜかここで、その「しあわせ」を、一般的な「幸せ」という表記ではなく、「仕合わせ」としている。

小学館『日本国語大辞典』で「しあわせ」を引くと、その漢字表記は「【仕合・幸】」と「仕合わせ」が先に示され、「「しあわす（為合）」の連用形の名詞化」という説明が付され

ている。さらに『岩波古語辞典』を見てみると、

しあはせ【為合はせ・仕合はせ】
一、うまく合うようにする。
二、①物事の取りはからい。取りまわし。処置。②めぐりあわせること。運。善悪いずれについてもいう。③特に、幸運。

とある。

つまり「しあわせ」は、まずは、みずからの努力・はからいによって物事をうまく処置する、「し―あわせる」ということであった（一、二①）のが、時代が下るにつれ、神仏や運などの、みずからを超えた大いなるはたらきによって「し―あわせられる」という、受身の意味での使われかた（二②）が優勢になり、さらに、「善悪いずれについても」使われていたものが、「幸運」（二③）に特化した現在の用法へと変化してきたのである。ちなみに、漢字「幸」は手かせをかたどった象形文字で、「さいわいにも手かせにはめられるのを免れて、しあわせの意味」（『新漢語林』）をあらわしており、やまと言葉の「しあわせ」に、よい意味合いのみを持つこの字を当てるのは、比較的新しい使いかたと考えら

れる。

竹内整一『やまと言葉で哲学する』では、こうした「しあわせ」という言葉の由来を取りあげ、そこに日本人のものの考えかた・感じかたのひとつの特徴である「おのずから」と「みずから」のあわいという発想を重ねて論じている。

私たちは、「みずから」がお茶を入れたときにも、「お茶が入りました」というような言いかたをし、あたかも「おのずから」お茶が入ったように表現する。そこには、「みずから」がお茶を入れたその背後には、なにか大きな流れや力のようなものがはたらいていて、それによってお茶が入ったというようなニュアンスがある。

あるいは、「今度結婚することになりました」とか「引っ越しすることになりました」という言いかたも、たとえ当人「みずから」の意志や努力で決断・実行したことであっても、それはなんらかの「おのずから」のはたらきでそうなったのだと私たちがどこかで受けとめていることを示している。

そもそも日本語では、「自」というひとつの漢字を、送り仮名の違いによって「おのずから」とも「みずから」とも読む。つまり、日本人は「自」を「おのずから」と読んでも「みずから」と読んでもそう違いがないと考えていたのであり、いわば、「みずから」為《な》したことと「おのずから」成《な》ったことを、どこか重ねて捉えている[1]。そして「しあわせ」という言葉の意味の移りゆきには、このような「おのずから」と「みずから」を重ねて捉える日本人の発想が背景にあるというのである。[2]

とすれば、『糸』で「しあわせ」が「仕合わせ」と書かれているのは、「みずから」を超えた「おのずから」――たとえば運命や神や仏といったものや、あるいは周りのひとたちの協力やいろいろな縁など――によって「仕―合わせられた」ということが多分に意識されているからであろう。

とはいえ、『糸』の「しあわせ」は、「逢うべき糸」である「あなた」に出逢えたというい意味での「しあわせ」であり、当然「幸せ」と書いてもよいところである。にもかかわらずあえて「仕合わせ」と書いているのは、この歌の最初に歌われる、「なぜ　めぐり逢うのかを／私たちは　なにも知らない／いつ　めぐり逢うのかを／私たちは　いつも知らない」という「私たち」のありかたが、この歌のなによりの前提になっているからではないだろうか。

「私たち」は、「なぜ」、そして「いつ」めぐり逢うのかを知らない。「私たち」は、このひとときこの時期に出逢おう、と望んで出逢ったわけではなく、自分たちが思いもよらないかたちで、思いもよらないときにめぐり逢ったのである。そしてそれこそが「逢うべき糸」との出逢いだったのであり、そのような出逢いの不可思議――自分たちにははかりしれない大いなる力によって仕合わせられたという感受性――が、「仕合わせ」という表記を選ばせたのではないだろうか。

『糸』が収録されたベストアルバム「大銀幕」(一九九八)、「singles 2000」(二〇〇二)の歌詞カードには英訳詞が付され、「逢うべき糸に　出逢えることを／人は　仕合わせと呼びます」は、When one meets the right thread We call it meant to be と訳されている。日本語に訳せば、「正しい糸に出逢ったとき、ひとはそれを〝そうなるべく意図されたもの〟と呼ぶ」となるだろう。

meant は mean の受身形であるが、正しい糸に出逢うように意図したその主体・主語はここでは明示されていない。それがなにかはっきりはわからなくとも、私たちを超えたはたらき――「おのずから」――が二人が出逢うよう意図した、ということの「仕合わせ」の英訳に、多くのひとは納得するのではないだろうか(ちなみに、中島みゆきの代表曲をあらためて英訳し、二〇〇八年に出版された『中島みゆき和英歌詞集』では、同じ部分が When the right two threads meet each other People call it happiness と訳され、残念ながらこのニュアンスは消えてしまった(3))。

「みずから」を超えたはたらき――「おのずから」によって「仕―合わせられた」と感じたとき、ひとは「仕合わせ」を感じるのである。

「ひとりで幸福になろうとしても、それは無理よ」

とはいえ、この歌の主人公は、最初からただ「おのずから」によって「仕合わせ」られることをめざしていたわけではない。

「私」は「あなた」と出逢う前、はじめは「なぜ　生きてゆくのかを／迷」っており、その後夢を見つけ、「夢追いかけ走って」いた。自分の人生、つまり「私」という「糸」の意味を求め、努力を続けていたのである。しかし、結局は「ころんで」しまい、「こんな糸が　なんになるの」――自分の人生には意味なんてないんじゃないか、という思いを持つようになる。

けれど、「あなた」と出逢うことで、その人生が、「織りなす布は　いつか誰かを／暖めうるかもしれない」「いつか誰かの／傷をかばうかもしれない」と、「糸」ではなく「布」の一部としてなんらかの意味を持ちうるのではないかという期待が、「私」の胸に芽生えはじめる。ひとりで「糸」として夢見ていたものとは違う、思いもよらないかたちで、自分の人生が、自分という「糸」が、いきいきとしはじめるのである。

歌人で劇作家の寺山修司（一九三五～一九八三）はその幸福論の中で、「ミストルコの桃ちゃん」のこんな言葉を紹介している。

「ひとりで幸福になろうとしても、それは無理よ」

（寺山修司『幸福論』(4)）

寺山自身が、「「出会い」はいつも、晴れがましいものだとは限らない。ときには、握手のかわりに銃口をさし出さねばならぬときもある。だからこそ、「出会い」への期待は、はかなく新鮮なのだ」（同）とも言っているように、出逢いは必ずしも好ましい結果をもたらすわけではない。しかし、出逢いがそのような不如意なもの、思いどおりにならないものであるからこそ、そこには思ってもみなかった「仕合わせ」への期待も孕《はら》まれてくるのである。

夢や目標をみずからの思いどおりに達成して「幸せ」になることは、むろん尊いいとなみである。しかし、それが思いどおりであるということは、手に入れたのは想像の範囲内の「しあわせ」だということである。それに対し、誰かとの出逢いによってもたらされる「しあわせ」は、思いどおりでない、いわば不可知で不如意であるからこそ、どちらに転ぶかわからない危険を孕《はら》みつつも、自分ひとりで思い描いていた「幸せ」をゆうに越えた「仕合わせ」となる可能性を蔵している。「桃ちゃん」の言葉は、そのような出逢いによってもたらされる「仕合わせ」の豊かさを語っているのである。

「横糸」という生きかた

明治時代の宗教家・清沢満之《きよざわまんし》（一八六三〜一九〇三）は、あるひとが生きていく過程で変化していく様子を示すのに、その人生を一本の線にあらわしてこれを「正系」とし、それに横から関わるひとびとの人生を「傍系」と呼んで図式化した。そして、当然であるが、この「正系」と「傍系」の関係は絶対的なものではなく、「傍系」のひとりであったひとを「正系」に据えれば、はじめは「正系」と置いたひとの人生が、今度は「傍系」になると言っている（『宗教哲学骸骨』(5)）。

『糸』で「あなた」と「私」を縦糸・横糸にたとえていることは、このことを連想させる。しかし『糸』は、「私」が「あなた」にめぐり逢って「仕合わせ」になったという「私」の人生の「物語」なのだから、「私」の人生を縦糸――「正系」――とする方が自然なように思われるのだが、ここではなぜか「縦の糸はあなた　横の糸は私」、つまり「あなた」が「正系」とされ、「私」にはそれに横から関わる「傍系」の役回りを与えているのである。

ここには、人生をみずからの思うように生きようとする一本の「糸」としての生きかたから転換し、「あなた」の人生を「正系」に据え、自分は「あなた」をはじめとする、他のひとびとと共に織りなす「布」の一部という新たな生きかたへと踏み出そうとする「私」の決意がほの見える。

そこでは、まず「私」がいて、そして「あなた」がいる、というのではない。「あなた」という「糸」にめぐり逢い、共に「布」を織りなすことによって、「私」という「糸」ははじめていきいきと生きうる「糸」になることができるのであり、つまり一本の独立した「糸」ではなく、「布」の一部としてあってこそ、「私」という「糸」はその命を輝かせることができると、この歌の主人公は考えているのである。いわば、「あなた」がいてこそ、「私」が「私」としていることができるのであり、自分以外のものに、自分の命を真に生かしめる力の源泉を見ているのである。

そしてそのように、自分以外のものの存在を前提に考えるのは、「あなた」との一対一の関係のことだけではない。「布」を織りなすためには、「私」と「あなた」以外にも多くの「糸」が必要であり、そして「織りなす布」がその価値をたしかに見せるのは、他の「誰かを／暖め」、他の「誰かの／傷をかば」ったときである。そういった多くの他者とのかかわりにおいて、はじめて「私」が「私」となっていき、ひとりでは想像もできなかった「仕合わせ」がそこに孕まれてくる。「横の糸は私」というのは、その「仕合わせ」の豊かな可能性を選び取るということなのではないだろうか。

むろん、「私」を中心に置いた生きかたから、「あなた」や他の「誰か」との広がりの一隅にあるものとしての生きかたへと転換することは、自分の思いどおりにならない不如意なことがより多くなるということでもある。しかし、その不如意性をそれとして引き受けていくことで、人生は今までとはまた違う豊かな側面を見せてくれることを、「私」はたしかに感じはじめているのである。

出逢いは偶然か、運命か——「遇《あ》うて空《むな》しく過ぐるなかれ」

しかし、不如意なことを受け入れると言っても、それはどうにもならないことをただ諦めて、ひたすら「おのずから」に流され、「仕合わせられる」のを待つだけ、ということではない。

そもそも「しあわせ」という言葉は、もとは「みずから」の努力でうまく合うようにするという意味だったのであり、そこには私たちの「仕―合わせ」ようという努力が不可欠である。英語の happy は happenn（偶然起こる、生じる）、lucky は luck（運、めぐりあわせ）と同根の言葉であるが、たとえば「棚からぼた餅」という事態に対して、happyやluckyとは言っても、「しあわせ」と言うのはどこかためらわれる。「しあわせ」という感覚は、多少なりとも「仕―合わせ」ようとした「みずから」の努力抜きでは感じ取れないものなのである。

先にもふれた清沢満之《きよざわまんし》は、浄土真宗の僧侶として、次のようなことを言っている。阿弥陀仏への信仰が成り立つとは、たとえば月に「出会う」というようなものである。山から月が出るか出ないかは、われわれにはどうすることもできない。が、むろん、だからなにもしなくともよいということではない。われわれは頭を高く上げて山の端を見つづけなければならない。そうしていないかぎり、顔を伏せていては、たとえ月が出ようともそれを見つけることはできないのだ[6]――。

浄土真宗の教えの特徴は、阿弥陀仏という他力（「おのずから」）に自身のすべてをまかせようとする点にあるが（他力信仰、他力本願）、しかし、そもそも頭を高く上げて月を待ちつづける自力（「みずから」）というものがなければ、その他力もはたらいてこないということである。

『糸』においても、「私」はなにもせずに、ただ偶然「あなた」に出逢ったわけではない。その出逢いの前に、「なぜ　生きてゆくのかを　迷」い、「夢追いかけ走って　ころ」び、

「こんな糸が　なんになるの」と「心許なくて　ふるえてた」日々があり、それが知らず知らずに「しあわせ」られるための準備期間になっていたのであり、その経験があってこそ、「私」は「あなた」と「仕─合わせ」られるのである。「しあわせ」になるためには、まず「しあわせる」ための「みずから」の努力が不可欠だということである。

そうしてみると、努力したひとのところにこそ「しあわせ」はやってくるのであり、その意味で「しあわせ」は必然のことということになる。あるいは『糸』の「逢うべき糸」、あるいは英訳詞の「right thread」という言いかたには、必然をさらに超えて、もっとたしかな運命や、神や仏といった存在によるみちびきのようなものが感じられるようにも思われる。

しかし前にも確認したように、この歌の大前提には、「なぜ　めぐり逢うのかを／私たちは　なにも知らない／いつ　めぐり逢うのかを／私たちは　いつも知らない」という二人のありかたがあった。つまり、この大事なめぐり逢いについて、当人たちがあずかり知るところはまったくといっていいほどにないのである。いわば、出逢いは本人たちにとって、どこまでも不可知であり、偶然なのである。

では「私」と「あなた」の出逢いは必然でも運命でもなく、ただの偶然で、「逢うべき糸」、「right thread」というのは単なる思い込みなのだろうか。

偶然を主題として考察した哲学者の九鬼周造（一八八八〜一九四一）は、運命とはなにかということについて、次のように説明している。

偶然な事柄であってそれが人間の生存にとって非常に大きい意味をもっている場合に運命というのであります。……西郷隆盛という一人の人間は江戸で生《うま》れることも京都で生れることも伊勢で生れることも土佐で生れることもできたはずでありますが、薩摩で生れたということは西郷隆盛の運命だったのであります。私どもはアメリカ人でもフランス人でもエチオピア人でもインド人でも支那人でもその他のどこの国の者でもあり得たと考えられるのであります。我々が日本人であるということは我々の運命であります。虫にも生れず鳥にも生れず獣《けもの》にも生れず、人間に生れたということも我々の運命であります。人間に生れるという賽《さい》ころの目がヒョッコリ出たのでありますす。日本人に生れるという賽ころの目がヒョッコリ出たのであります。

（九鬼周造「偶然と運命」(7)。点原文）

私たちの人生の根底にあるのは、偶然である。私たちが人間として生まれたこと、どこの国に生まれたかということは、サイコロを振ってどの目が出るかということと同じように、ただの偶然に過ぎない。しかし、その偶然の中に単なる偶然を超えたなんらかの必然的なものを感じ取ったとき、ひとはそれを運命と言うのである。

それは出逢いについても同様である。昔、同級生であった男女が何年か経って旅先でたまたま出逢ったとしても、それだけでは単なる偶然である。しかし、さらにもう一度どこかで出逢ったり、そうした重なる偶然がきっかけで結婚したとすれば、ひとはそこに運命のようなものを感じるだろう。『糸』で言えば、「私」が「あなた」との出逢いを、二人の人生にとって大きい意味を持つことであり、二人は「逢うべき糸」なのだ、と感じることが、偶然の出逢いを運命へと変えるのである。

とはいえ、そのように運命を感じ取ったとしても、それは自分たちが、あるいは周りがそう感じ取っただけで、二人の出逢いが本当に運命だったのかは、神や仏のような超越的な力を持たない私たちには、結局のところわからない。出逢いは本人たちにとってはどこまでも偶然なのであり、「なぜ　めぐり逢うのか」——なぜこのひととめぐり逢ったのか、という『糸』の最初の問いは、どこまでも残りつづけるのである。

「なぜ　めぐり逢うのか」という問いに対し、九鬼周造は次のように答えている。

「何故《なぜ》」に対して、理論の圏内にあっては、偶然性は具体的存在の不可欠条件であると答えるまでであるが、実践の領域にあっては、「遇《あ》うて空《むな》しく過ぐるなかれ」という命令を自己に与えることによって理論の空隙を満たすことができるであろう。

（九鬼周造『偶然性の問題』(8)）

「なぜ　めぐり逢うのか」と問われれば、理論的には、「どんなに大切な出逢いであろうと、それは偶然である」と答えるしかない。そして、単なる偶然であれば、私たちはその大切な出逢いを素通りしてしまうかもしれない。だからこそ、私たちは自分に、「遇《あ》うて空《むな》しく過ぐるなかれ」――偶然の出逢いを、素通りしてはならない――という命令を与え、「仕合わせ」を逃がさないように努めなければならない。

九鬼はまた、次のようにも言っていた。「偶然が人間の実存性にとって核心的全人格的意味を有《も》つとき、偶然は運命と呼ばれる」（同）――。『糸』の英語題は「Tapestry」である。「私」は、縦糸の「あなた」と織りなす織物の横糸として生きることを、「運命」として選んだのである。

「生まれてくれて　Welcome」

漫画家の西原理恵子（一九六四〜）の初期の作品に、『ものがたり　ゆんぼくん』[9]という、ゆんぼという名前のひとりの男の子の成長を描いた物語がある。

ゆんぼは小さな田舎町でかあちゃんと二人で暮らしている。かあちゃんはゆんぼがおなかにできたとき、ひとりで育てていくと決め、この町にやってきた。全体に貧しく、都会の華やかさに取り残されたような町の中でも、ゆんぼの家は特に貧乏なうちのひとつである。それでもゆんぼは、友達と町の人とかあちゃんとに見守られて、さまざまな経験をしながら育っていく。

シングルマザーとして見ず知らずの土地でゆんぼを育てているかあちゃんは、普段はひとに見せないが、当然さまざまな屈折を心に秘めている。かあちゃんは、いわばゆんぼのために、今までみずから積み重ねてきた人生をすべて捨ててこの町にやってきた。しかしいずれゆんぼは大人になっていき、自分から離れていってしまうであろうことはわかっている。まだ先のこととは思いつつも、かあちゃんはその未来の孤独をふとしたときに感じている。（「おやつのたそがれ」「子ばなれのしたく」「どこへゆくのかな」）

おやつのたそがれ
ゆんぼ おやつ
横田くんと 約束あるから 今日はいいや
ぱく
おいしい けど
おいしく ないや

子ばなれのしたく
ゆんぼ 今日は？
今日も おそくなる んだ ごめんね
い
いーっ かーは
こーゆう 日がくるー しっかーり しなきゃー しっかーり しーなきゃー

どこへゆくのかな

子どもが育ってくれるのは嬉しい。しかしそれは子どもが大人になって、いずれは自分から離れていくという寂しさと背中合わせでもある。けれども、かあちゃんはそういう予感を抱えながらも、自分の人生はそれでいいのだ、と覚悟し、それまでの大切な時間を生きていこうとする。

一日はこうやっておわる。

ゆんぼの友達のよこたくんは、「ちっともうまくいかねえよ」と、少年らしいいらだちをかあちゃんにぶつける。それに対してかあちゃんは、自分で思っているほどすごい人間なんていない、人生は自分の思ったとおりにはいかないものなのだ、それでもひとつひとつ、一日一日の日々の要求を受けとめ、その中に小さな楽しみを見つけていくことで生きていっているのだ、と、自分自身の思いをよこたくんに伝え、またみずからも納得しようとしている。(「一日はこうやっておわる。」)

かあちゃんには、ゆんぼが自分から巣立ってしまったら、自分の人生はなんなのだろう、という思いが少なからずあるだろう。しかし、そのやがてくるであろう喪失感を消しがたく抱えながらも、かあちゃんは、日々の要求にしたがい、それに自足しながら生きていこうとしているのである。

いろんなことがふしぎでいっぱいだ

そもそも人間のまわりは、はてしのないことや「ふしぎでいっぱい」であるが、ゆんぼの「たまごが先なのかな　にわとりが先なのかな」という素朴な疑問に、「たまごが先だと思うな」、「次に何が生まれるか楽しみじゃない」と答えるかあちゃんは、不可知なもの、不如意なことの中に、楽しみを見いだそうとしている。（「いろんなことがふしぎでいっぱいだ」）

子育てというのはまさに自分の思うとおりにならないこと、次になにが起こるかわからないことの積み重ねであるし、考えてみれば人生そのものがそれこそ思いどおりにはいかない不如意なものである。しかし、「明日何が起こるかわかってしまったら、明日まで生きる愉《たの》しみがなくなってしまう」（寺山修司『ぼくは話しかける』(10)）。第二章で向田邦子が女たちは人生という丁半博打《ばくち》を楽しんでいると言っていた（「丁半」）ように、かあちゃんは思いどおりにならないことをそれとして引き受け、今目の前にあることをひとつひとつ受けとめながら生きていこうとしているのである。

そんな日々の中で、ときにゆんぼはかあちゃんにこんな質問をする。（「かえらなくてもいいとこだけど。」）

かえらなくてもいいとこだけど。

家というのは、実際に帰るかどうかはともかくとして（「かえらなくてもいいとこだけど」）、「自分には帰る場所があると思うとほっとする」、そんな場所である。そう言うかあちゃん自身、自分が育ってきた家に対してそういう思いを持っている。だがかあちゃんは、ゆんぼを育てるためにその家を捨ててきたのであり、だからこそ、ゆんぼのためにはいつでも安心して帰ってこられる家を作ってあげたいと思っているのである。

その後、「ダウンジャケットがほしい」と言うゆんぼのために、なにも言わずに町にお金を稼ぎに出たかあちゃんを探し、ゆんぼも町に行く。勇気を振りしぼって切符を買い、ひとりで電車に乗り、どきどきしながらようやく町に着いたゆんぼが見たのは、うすよごれ、知らないひとにぺこぺこしているかあちゃんの姿だった。とうとう買うことができたダウンジャケットをゆんぼに着せたかあちゃんは、こう告げる。（「おまけ」）

おまけ

おまえはもう大人なんだよ
一人できめて一人で家を出て一人で電車に乗っただろう
もうかあちゃんをさがしたりしちゃいけないよ
これからのおまえの人生でかあちゃんはもうおまけみたいなもんなんだよ
ときどきしなかったから気づかなかったけどぼくはばんち兄ちゃんにしんせつにしてもらったのがわかった。

「これからのおまえの人生でかあちゃんはもうおまけみたいなもんなんだよ」というせりふは、ゆんぼが幼いころから、これを言う日が来ることをかあちゃんがずっとおそれ、そして覚悟していた言葉である。これは、ゆんぼに対してというよりは、かあちゃんが自分自身に宣告した言葉であろう。かあちゃんは平気な顔をしてゆんぼに「もうかあちゃんをさがしたりしちゃいけないよ」と言いながら、「おまけ」としての自分の人生にあらためて向き合っているのである――、それぞれのひとり立ちのために。

そして、かあちゃんの言葉に背中を押されるように、今度はゆんぼが家出をする。するとかあちゃんは、みずから「おまけ」たることを現実のものとして受けとめなくてはならなくなる。(「だろ」)

しかし、よこたくんの「ゆんぼ家出したんだ」「やるじゃん」という言葉に、「だろだろ」と明るく返すかあちゃんは、自分自身が今感じている欠落感ではなく、〝ゆんぼのかあちゃん〟として子どものひとり立ちを感じる喜びの方に、あえて自分の心を向けようとしている。

だろ

へーー
ゆんぼ家出したんだ
やるじゃん
だろだろ
さむかねえかなあ
あいつ
大丈夫ダウンジャケット着てるから
やるなー
あいつ
だろだろ

その後一度は帰ってきたものの、青年期を迎え、かあちゃんと大ゲンカをしてふたたび家出をしたゆんぼは、都会で苦労をしながらもどうにか生活していけるようになり、年月を経て、好きな女のひととその連れ子と一緒に町に戻ってくる。(「家」「ただいま」)ゆんぼにとっては、自分で選んで家を出ても、結局「いろんなことがうまくいかなくて」、本当にはずっと「帰りたくて、帰りたくて、帰りたくて」しかたなかった家である。

幼いころにかあちゃんが話してくれたように、離れてみると、「帰りたいとかなつかしいとかそんな言葉が心の中でぽんぽんはじけた」というのが、家というものなのである。自分自身がそういう経験をしているかあちゃんは、「自分には帰る場所があると思うとほっとする」、そんな「居場所」をゆんぼのためにずっと用意してくれていた。ゆんぼの連れもまた、そんな「居場所」に帰ろうとするゆんぼに言う。「大の男がね、かあちゃんにあいたくて泣くのは変じゃないよ」。

家

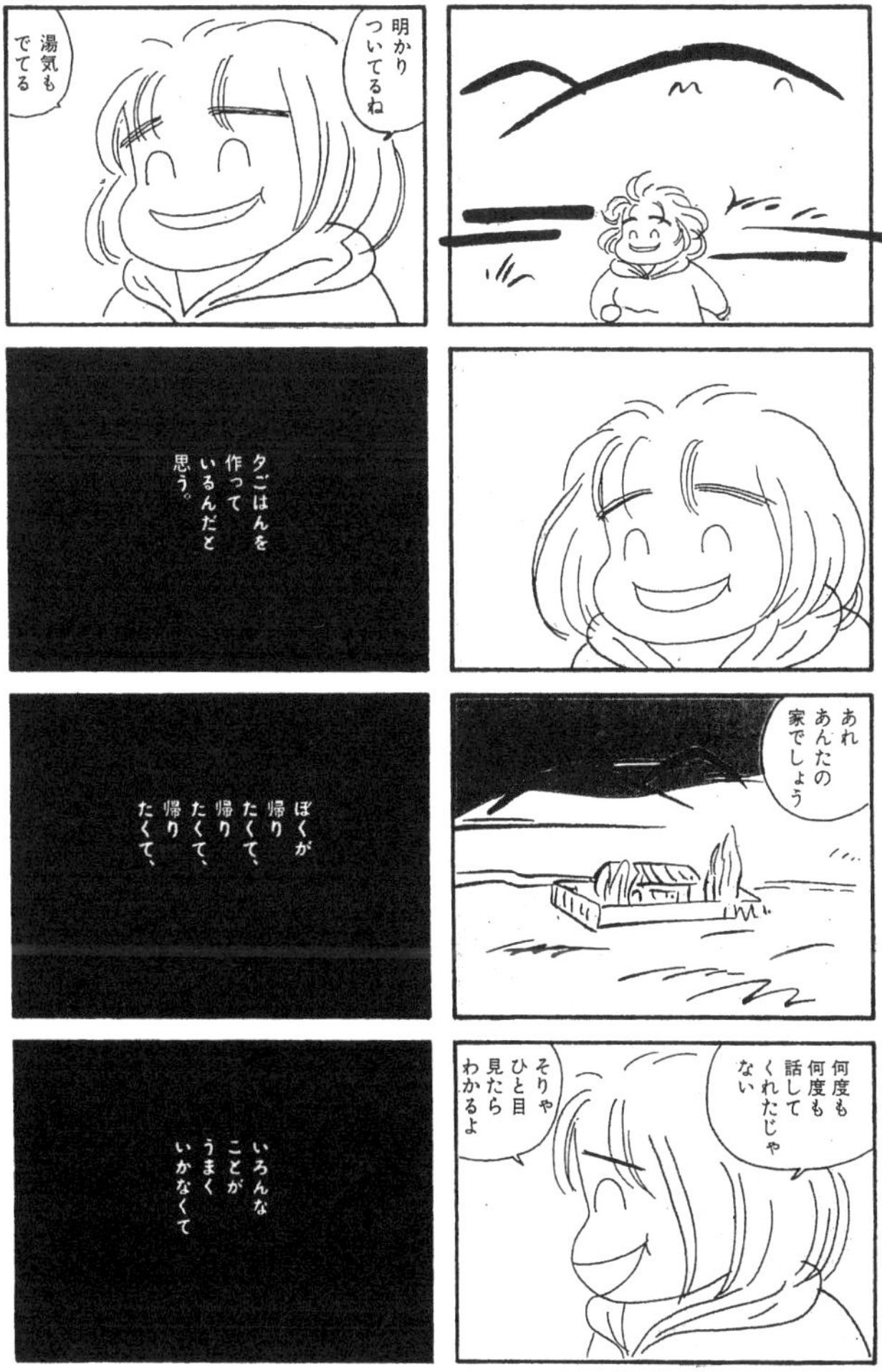
あれ
あんたの
家でしょう
何度も
何度も
話して
くれたじゃ
ない
そりゃ
ひと目
見たら
わかるよ
明かり
ついてるね
湯気も
でてる
夕ごはんを
作って
いるんだと
思う。
ぼくが
帰り
たくて、
帰り
たくて、
帰り
たくて、
いろんな
ことが
うまく
いかなくて

ただいま

私らここでまってるよ
年上の子連れ女をいきなり見せられたらあんたの母さんおどろくだろうし
変じゃないよ
大の男がね
かあちゃんにあいたくて泣くのは変じゃないよ

中島みゆきに『誕生』という曲がある。

ひとりでも私は生きられるけど
でもだれかとならば　人生ははるかに違う
強気で強気で生きてる人ほど
些細な寂しさでつまずくものよ
呼んでも呼んでもとどかぬ恋でも
むなしい恋なんて　ある筈がないと言ってよ
待っても待っても戻らぬ恋でも
無駄な月日なんて　ないと言ってよ

めぐり来る季節をかぞえながら
めぐり逢う命をかぞえながら
畏れながら憎みながら
いつか愛を知ってゆく
泣きながら生まれる子供のように

もいちど生きるため　泣いて来たのね

Remember　生まれた時
だれでも言われた筈
耳をすまして思い出して
最初に聞いた　Welcome
Remember　生まれたこと
Remember　出逢ったこと
Remember　一緒に生きてたこと
そして覚えていること

ふりかえるひまもなく時は流れて
帰りたい場所が　またひとつずつ消えてゆく
すがりたいだれかを失うたびに
だれかを守りたい私になるの

わかれゆく季節をかぞえながら
わかれゆく命をかぞえながら
祈りながら嘆きながら
とうに愛を知っている
忘れない言葉はだれでもひとつ
たとえサヨナラでも　愛してる意味

Remember　生まれた時
だれでも言われた筈
耳をすまして思い出して
最初に聞いた　Welcome
Remember　けれどもしも
思い出せないなら
わたし　いつでもあなたに言う
生まれてくれて　Welcome

Remember　生まれたこと
Remember　出逢ったこと
Remember　一緒に生きてたこと
そして覚えていること

（中島みゆき『誕生』）

大人になるにつれ、私たちは「あなたはなにができるのか」「あなたはどれだけ稼げるのか」と、ひととしての〝価値〟を問われたり要求されることが多くなっていく。学校や会社といった場面だけでなく、恋愛や家族関係でもそういうことが問われることは少なくない。そのくりかえしの中で、自分の「居場所」がない、生きる場がないと感じてしまうひとも多いだろう。

しかし、生まれたときは誰もが、なにができるかとか、どんな〝価値〟があるのかということは関係なく、「Welcome」と言われて生まれてきたはずである。

人間の子どもはみな、いわば未熟児の状態で生まれ、周りが世話をしないかぎり生きてはいけない。私たちは生まれた直後のことは覚えてはいないが、私たちが今こうしてここに生きていること自体が、ほかならぬ、周りのひとたちが一生懸命世話をしてくれた証拠である。(11)

生まれたとき、自分を歓迎してくれた大人たちがいて、そしてなんの役にも立たない自分を慈《いつく》しんでくれた――。生きる場がないと感じているひとたちに対し、中島みゆきは、あなたがなにができるということ（行為・doing）でなく、あなたがいる（存在・being）というそれだけで大事にされたときはたしかにあったし、本当は今もそうなのだ、だから私はあなたにあらためて「生まれてくれて　Welcome」と言うよ、と言うのである。

生きていると、ときに耐えがたいほどつらいこともある。そんなときに、寄り添い、支えてくれたのは、みずからの思いどおりに生きることばかりでなく、自分以外のもの（不如意なこと・不可知なもの）と共に生きることの豊かさ、楽しさ、面白さをも知っているひとたちではなかっただろうか。そして、そんなふうに今にもこぼれ落ちそうなひとびとを支える「居場所」を用意してきてくれたのは、ゆんぼのかあちゃんのような女性たちだったのではないだろうか。

（1）以上「おのずから」と「みずから」については、竹内整一『「おのずから」と「みずから」――日本思想の基層』（春秋社、二〇〇四）参照。
（2）竹内整一『やまと言葉で哲学する――「おのずから」と「みずから」のあわいで』春秋社、二〇一二

（3）『中島みゆき和英歌詞集』ヤマハミュージックメディア、二〇〇八
（4）寺山修司『幸福論』角川文庫、一九七三
（5）『清沢満之全集』第一巻、岩波書店、二〇〇二所収
（6）註2竹内前掲書にこの指摘がある。また、同書には、誰か、あるいはなにかと本当の意味で出会うということは当人の知性や感性のありかたぬきには語れず、たとえばいい絵やいい音楽に触れてそれを「いい」と感じるには、それ相応の努力やまたその蓄積である実力が必要であるという、文化人類学者の西江雅之（一九三七〜二〇一五）の「出会いは実力だ」という言葉が紹介されている。
（7）『九鬼周造随筆集』岩波文庫、一九九一
（8）九鬼周造『偶然性の問題』岩波書店、一九三五。表記は適宜あらためた。
（9）西原理恵子『ものがたり　ゆんぼくん』上・下、竹書房、二〇〇五
（10）寺山修司『ぼくは話しかける』角川春樹事務所、二〇〇〇
（11）鷲田清一『死なないでいる理由』小学館、二〇〇二

おわりに

「爆笑問題」の太田光が、向田邦子の短篇小説集『思い出トランプ』、そして向田作品全般について、次のようなことを書いている。

向田さんの作品は、不道徳である、と思う。この短篇集の作品はどれも、〝一番書いてはいけないこと〟だと感じる。……

私はテレビで発言していて、視聴者からのクレームは日常的にある。「教育上よくない」「不謹慎である」と。しかし向田邦子のこの作品達と比べたら、私の言葉の何と他愛のないことか、罪のないことか、と思う。

私の言葉は、小さい子供の無邪気なひやかしで、向田さんの言葉は、大人の本当の悪だ。

にもかかわらず、向田さんの作品は有害とされるどころか、逆に誰からも尊敬され続け、美しく、品があり、礼をわきまえた、正しい姿、といったイメージすらある。私はこれが、向田邦子の〝恐ろしさ〟だと思う。

（『向田邦子の陽射し』）

太田が言う「向田邦子の〝恐ろしさ〟」とはそのまま、本書で取りあげてきた女性たちの「恐ろしさ」でもある。

『思い出トランプ』の中に、「男眉」という一篇がある。

いまはもう五十代に手がかかろうという主人公の麻だが、彼女が小学校一年のとき、妹が産まれた。ちょうど学校から帰ったときに、祖母たちの「よかった。よかった。こんどの子は地蔵まみえだ」と喜ぶ声を聞いた麻は、「地蔵まみえというのは、どういうのだろう」と考えるが、その疑問はじきに解決する。「祖母は、いつものように麻の眉と眉の間の毛を、大きな毛抜きで抜きながら、地蔵まみえというのはお地蔵さまのような、弓型のやさしい眉のことだと教えてくれた。麻のように、ほうって置くとつながってしまう濃い眉は男まみえというのだそうな。祖母は、眉のことをまみえと言っていた。地蔵眉の女は素直で人に可愛がられるが、男眉に生れついた人間は、男なら潰れた家を興すか、大泥棒、人殺しといった極悪人になりかねない。女は亭主運のよくない相だという」。

麻は自分の夫の好みが、骨太で毛深く男眉の自分とは反対の、「骨の細い色白の女」であることに気づいている。「その種の女たちは、声も甘く、はっきりしないもの言いをする。髪の毛も少し茶色がかってやわらかそうである。眉もうすい」。地蔵眉の妹は、まさに夫好みの女である。そんなこともあってだろうか、「麻は、お地蔵さまを好きになれなかった。あの人のいい顔は、どこか胡散《うさん》臭い。「そうかそうか。可哀そうに可哀そうに」と言いながら、口先だけで、すこしたつとケロリと忘れて居眠りをしているような気がする。赤いよだれ掛けも猥《みだ》りがましい」。

麻がそう思う理由のひとつに、子供のときに近所にいた牝犬《めすいぬ》の思い出がある。

おとなたちは、おとなしい、いい顔をした犬だといっていたが、羽根突きの羽子《はご》の黒い玉、無患子《むくろじ》というのか、あれそっくりの黒く固そうな乳首をゆすって、誰彼の区別なく尻尾を振っていたあの犬の、次から次へと仔を産み、捨てられても格別恨む風もなくまた産んでいたしたたかさ、くるりとうしろを向けば、何を考えているか判らない油断のなさそうなところは、お地蔵さまに似ているような気がする。

おとなしい顔の裏にしたたかな命の力を秘めた牝犬の姿を、麻は妹と重ねる。麻の妹は、ひとの話を聞いていても、自分からものを言うことはせず、まわりの意見が出揃ったところでゆっくり考えてから誰かに同調するような女である。しかし親戚の女性たちの中で誰より早く車の免許をとり、造花と着つけの教師の免状も持っているのもこの妹である。男たちは、男眉の麻のような女の方が強く、図太いと思っているが、実は地蔵眉の妹の方が、生きていくための術《すべ》を、本能的に知っているのである。

麻の父の葬式の親戚が集まっている席で、こんなことがあった。

妹がそっと席を立って出て行った。手洗いに入ったらしい。こういう呼吸がうまい女である。麻だとどこかでギクシャクして、誰かに声をかけられ、立ちそびれてもじもじするということになってしまう。

水を流す音が聞えた時、入れ替りのように夫が立ち上った。これも手洗いらしい。

麻は、

「あ、嫌だな」

と思った。

女房ならともかく、よその女のすぐあとに入らなくてもいいではないか。言葉に出してとがめるほどではないが、麻も何となく腰を浮かした。

襖《ふすま》を半分開け放っているので、その気になると廊下は見通すことが出来た。向うから、手のしめり気を気にしながらもどってきた妹は、夫とすれ違いざま、ほんのすこし、すれ違ったほうの肩を落し、目だけで笑いかけた。

「お先に」

でもあり、

「嫌ねえ、義兄《にい》さん」

ともとれる。

「ふふふふ」

という声にならない含み笑いにも受取れた。夫の目は、背中からはうかがえなかったが、麻には一生出来ない妹の目であった。

ひとが一番隠したいところ、生きものの生臭さを強く感じさせる場面でも、妹にはそれを感じさせないところがある。それゆえ、男たちはそうとは気づかずに、こういう女に引きずりこまれていくのである。

一見弱々しく見えながら、実はとてつもなく生臭い、そんな妹の生命力を、麻はその誕生のときから敏感に嗅ぎとっていた。「気のせいか、母が妹を産んでから、うちの匂いが変ってきた。今までは、古いうち特有の、鰹節《かつおぶし》の匂いだけだったが、なまぬくいお櫃《ひつ》の蓋《ふた》を取ったときのような、饐《す》えた匂いがする。赤子のおむつのせいか乳の匂いなのか」。

しかし、そんな地蔵眉の女たちの内に隠された生命の力をどこかでいやしみつつも、毛深く骨太の麻は、夫の帰りの遅い夜、「気がつくと眉と眉の間の毛を抜いたり、細くしたりしている」。

いつか汽車の中で見かけた若い女も、眉を細く描いていた。眉だけでなく、分厚い唇のまんなかだけに、形のいい唇の形を紅で塗っていた。その女が連れの男に笑いかけたとき、汽車がトンネルに入った。

暗くなると、女の細い描き眉は消えて、目の上に芋虫を半分に削《そ》いで貼りつけたような、太い畝《うね》だけがくねくねと動いて浮かび上った。唇のほうも、持って生れた大きめの唇が笑っていた。

抜いても抜いても、麻の眉は、男にうとんじられる男眉なのであろう。……

麻は、ネクタイをほどきながら茶の間へ入ってゆく夫を突きとばすようにして先に飛び込むと、掘りごたつの上に置いてある手鏡と毛抜きをあわてて隠した。

どうやって隠そうとも、いかつく、愛嬌がない男眉は隠しきれない。しかし本当におそろしいのは、その薄い眉のうしろにしたたかさと猥りがましいまでの命の力を秘めた、地蔵眉の女なのではないだろうか。

いや、そうではないだろう。男眉も地蔵眉も、抜いたり描いたりすることで、女はいくらでもそのかたちを変えられる。そして、汽車がトンネルに入った一瞬だけその本当の姿が垣間見えたとしても、トンネルを出ればふたたびもとの姿になって男に笑いかけるのであり、男は自分が一瞬見たのはまぼろしだったのだと思いなおして、日常に戻っていくのである。

博士論文の指導教授・菅野覚明先生が書かれた『神道の逆襲』の「あとがき」の中の、「鳴り物入りで弓鉄砲をふりかざすことばかりが逆襲であるとは限らない。ただ、石の地蔵のようにそこにあるということでも、それはそれで一つの決起の形であると思う」という言葉が、いまあらためて思い起こされる。

地蔵眉の女たち、そして地蔵眉をうらやむ女たちのしたたかさ、底知れない生命の力を、男たちもふとした瞬間に感じとってきたであろう。そしてそれを畏怖するゆえに、その力を象徴するような出産や月経などを理由に、女は穢《けが》れた存在であるとも言ってきたのだろう。しかし、「はじめに」で触れた柳田國男の文章にあったように、それは女の持つ力に対する畏敬の念の裏返しにほかならない。そして女たちは、逆襲どころか、決起する様子さえつゆも見せずに、内に湛《たた》えた生命の力によって、ひとびとの生を差配し、支えてきたのである。この本では、そのことをずっと書いてきたように思う。

本書は、大学時代からの恩師である竹内整一先生が私の拙い構想を拾いあげ、春秋社の編集者、佐藤清靖さんにつなげてくださったことで、かたちをとることができました。佐藤さんとは東大多分野交流演習以来のおつきあいですが、出来の悪い私を学生時代からずっと励まし、導いてくださったお二方とこういうかたちで一緒に仕事ができるようになったご縁に、心から感謝いたします。

そしてふりかえってみれば、十年以上前、東京大学名誉教授・NPO法人場の研究所所長の清水博先生が「伊藤さんに、女性のもつ力について書いてほしい」とおっしゃってくださったことが、この本のはじまりでした。先生のご期待に添うものになったかはわかりませんが、このようなきっかけを与えてくださったこと、そして長年のご指導に、あらためて御礼申しあげます。

昨年、一昨年と、二人の祖母が鬼籍に入りました。大正に生まれ、けっして短くない、また平坦ではなかった年月を生きた二人の言動を思い起こしながらこの本を執筆したことを、最後に書き留めておきます。

伊藤由希子

二〇一八年五月

伊藤由希子（いとう　ゆきこ）
1975年、神奈川県生まれ。東京大学大学院人文社会系研究科博士課程修了。博士（文学）。東京大学死生学・応用倫理センター特任研究員などを経て、現在、鎌倉女子大学専任講師。専攻は、倫理学・日本思想史。
主な著書に、『仏と天皇と「日本国」――『日本霊異記』を読む』（ぺりかん社）、『死者はどこへいくのか――死をめぐる人類五〇〇〇年の歴史』（共著、河出書房新社）など。主な論文に、「「聖《ひじり》」と「凡人《ただびと》」」（『倫理学年報』第58集）、「天皇の「恥」が意味するもの」（『日本思想史学』第42号）、「「老を養ふ」」（『死生学研究』第17号）などがある。

JASRAC 出1806441-801

女たちの精神史――明治から昭和の時代
二〇一八年八月二五日　第一刷発行
著　者　伊藤由希子
発行者　澤畑吉和
発行所　株式会社　春秋社
東京都千代田区外神田二―一八―六（〒一〇一―〇〇二一）
電話〇三―三二五五―九六一一　振替〇〇一八〇―六―二四八六一
http://www.shunjusha.co.jp/
印刷所　株式会社　太平印刷社
製本所　ナショナル製本協同組合
装　丁　野津明子
定価はカバー等に表示してあります

ISBN978-4-393-31302-2